飲むぞ今夜も、旅の空

目次

Ⅳ 人との出会いが待っていた 149

I 旅には旅の見どころあり

味な酒場に、味な看板

知らない町へ出かけ、そこの飲屋街をぶらぶらするのが私の無上の楽しみだ。よさそうな居酒屋かバーを見つけ入ってみようという心算《つもり》。玄関先の雰囲気と看板が有力な手がかりだ。

しゃれたモダンデザインなら、値段は安いがロック音楽がうるさそうだ。大理石に彫刻文字＝静かで落ち着くが高そう。クラシックな木彫看板＝ウイスキーの逸品があるかもしれない。

居酒屋なら間口いっぱいの大暖簾は安心。茶色のミニ暖簾に細い文字だと高級になる。酒造会社提供の行灯《あんどん》看板の店は手軽だが、その酒を飲まねばならない。

デザインもさりながら、ヒントになるのは店名だ。看板は業者まかせでも店名は自分でつける。スタンドバーに多いのが女性名の「明美」「ふみ子」「美香」「優子」など。たいてい筆字で、紫地に白抜き。スッと入るには度胸がいる。

一字ものも多い。「愛」「詩《うた》」「忍《しのぶ》」「幸《さち》」「心」。ママさんが一人でやっているのだろうか。どこか一字にこめた情念を感じる。

よくある名前ながら、まったくヒントがなく逡巡するのは「泉」「雅」「ひめ」「白夜」「紫野」などの美しいお名前。沖縄石垣島美崎町にあった「人情」はユニークだ。

日本中どこにもあるのが漢字あて字もの。「来夢来人《ライムライト》」「多恋人《タレント》」「瀬詩留《セシル》」「沙麗人《シャレイド》」「亜楽美夜《アラビヤ》」。新潟で見た「騎士翔《ナイトショー》」は苦心作といえよう。

ポエムなのもある。ズバリ「歩絵夢」「詩織」「夢追人」「芽留変」。ロマンチックなのにコワいのは不思議だ。

平仮名に開いたタイプもよくみかける。「ばろっく」「ろまん」「ぐるめ」「もっきんばーど」。ペンネームでも全部平仮名にする人いますよね。

ちょっと気取って「〇〇亭」「××軒」「△△倶楽部」。どこの町にも一、二軒ある。地元の若手経営者なんかが集まっている。

面白ネーミングもある。「うしろの正面」「あくまと紳士」「いつものとこ」。スナックに多く、ヒゲのマスターが手品の名人だったりする。なぜか焼うどんが名物。

「氷雨庵」「雪花亭」「四君子」。教養を感じさせるタイプ。文化居酒屋かもしれない。

豪華なのもある。「迎賓館」「社交會」「貴族院」「大使館」「社長室」。ロングドレスの女性がうやうやしく……。最新鋭のレーザーカラオケがありそうだ。

……とまぁ、こんな看板が林立する夜の通りを品さだめしながら歩くのは楽しいが、いずれはどこかへ入らねばならない。

私の好きなのは「笹新」「山利喜」「赤津加」のような昔のタイプの名前だ。「岸田屋」「田中屋」など名前の屋号もよく、岸田さんだから岸田屋だ。英語なら「ジョンの店」か。「中野」「牧野」「川崎」とズバリ本人の姓もいい。こんな店名が古めかしい行灯に筆字でスッと書かれていれば吸い寄せられてしまう。

いったいに私は看板というものが好きで、それも古いものがいい。地方の忘れられたような町はその宝庫だ。広島県三次《みよし》で見た古い薬局の一階屋根にのった大看板は天地一・五メートル、左右六メートルはあろうか。カマボコ型の太い木枠に金網を張り、丸ゴチックの切出し文字で右から「ブルトーゼ」と大書され、偉容に圧倒された。昔の看板はこの金網に切文字を貼付ける方法が多く、酒屋だと薦《こも》被り樽のレリーフを金の箔押しで入れる。そしてともかく大きい。同好の士に聞きわざわざ見に行った滋賀県長浜の「堅ボーロ」は、謹厳実直なデザインが雄大だった。

そんな町歩きのはてに、まるで運命の糸にたぐられるように（大げさですけど）出会った三重県松阪のうどん屋看板の素晴らしさ！　「うどん　池田屋」とまったくケレン味なく、太うどんの長さを表わすように「つ」を長々と伸ばし、「う」の点がおさまりきれず平気で右にずらせている悠揚さ。昔の人の、率直でこだわらず骨太でありながら粋なデザインに感嘆した。眺め入った後、もちろん中へ入りうどんを注文。油揚げが一枚のり、心まで温かくなる涙の出るような味がした。

惜しいかな、このような往年の大看板は家の建て替えや町並の変化とともにどんどん消えていっている。これだけ大きなものはとても個人のコレクターの及ぶ範囲ではない。

看板でもう一つ好きなのが扁額《へんがく》だ。横長一枚板に屋号などを浮彫にし、金や漆《うるし》を施す。古い居酒屋で、店名を雄渾に浮き出したのを正面奥に堂々と掲げられているのを見ると、開店時の店主の覇気が漲っているようで気分がいい。かの北大路魯山人も若き日この篆刻《てんこく》をよくしたという。

扁額はなんといっても日本酒の独壇場で、古い酒屋には酒造会社提供品が今でもよく残っている。私があちこち見た中でこれは傑作と思ったのは、やはり長浜にあったもので、一階瓦屋根に三つの大額が居並び、琵琶湖の夕陽を浴びて光る金文字は見あきることがなかった。

これらの往年の大看板を見ると、戦後のモダンデザインなどいかにもセンスだけでぜい弱に感じる。素朴なるが故に強いという程度の差ではなく、そこには日本独得の大衆美意識である「粋」「俠気」「艶治」「コブシ（民謡や演歌の）」が意匠化されており、それが胃の腑にズドンとおさまる。その差である。なんの近代的合理的省察（!?）もなく、無意識にこういうデザインをできる人はもう少ないだろう。看板の消滅とともにその美意識も消えてゆくのであれば、それは寂しいことだ。

（『サントリークォータリー』一九九三年／第四十三号）

横浜の三杯屋

私は見知らぬ居酒屋にぶらりと入り、一杯やるのを楽しみとして日本全国を旅し、幾冊かの本を書いた。

どこの都市にも、たいてい一軒は、その町の名物になっている古い大衆酒場がある。そういう店を訪ね歩いた。思い出に残る居酒屋はいくつもあるが、横浜のこの店には今も時々顔を出す。

野毛の坂を上がった、民家の路地角の小さな木造一軒家。戦後のままとおぼしき建物はバラック然として、昼はひっそりと鍵を締めている。夕方から居酒屋になるが、看板や暖簾が下がるわけではなく、まずそういう店とはわからない。

通称「三杯屋」（正しくは武蔵屋）というのは、酒は三杯までと決められているからだ。すでに八十の坂を越えた白髪の老姉妹が店に立ち、若いのが一人手伝う。

八坪ばかりの小さな店内はベニヤ天井に、柱も板壁も古くすすけているが、よく拭き掃除されて気持ちよい。カウンターも椅子机も大変質素で、奥の四畳ばかりの小上がりの卓などはミカン箱よりましという程度だ。

肴は三百六十五日、おから、玉葱酢漬け、納豆、鱈豆腐の四品のみ。これが酒の一杯目、二杯目に合わせて出てくる。ビールは酒三杯を超えてからは出さない。

ここが開店を待ちきれないように賑わっている。ただのように安い値段もあるけれど、それだけで集まってくるのではない。客は中年以上の男ばかりでひとり客も多く、いつもの席に座りゆっくりと自分の時間を楽しんでいる。

夏は開け放たれた窓に風鈴が下がる。打水され青々としたヤツデから、扇風機がすだれ越しに涼風を運び、男たちはここぞとばかりに扇子をうれしげに使っている。クーラーはあるが客が使わせない。まさにここは清貧の居酒屋だ。

この店は、大正十年に姉妹の父が横浜太田町に開店し、終戦後昭和二十一年に野毛に移った。カウンターの立派な銅の燗付け器は昭和十年にあつらえたもので、誇らしげに店名が右書きに浮き出されている。

父は、酒は一人三杯が適量と決め、それ以上出さぬようにした。たくさん飲んでくれれば儲かるのにそうしなかった。父の跡を継ぐお婆さん姉妹はたいへん遠慮深く静かだ。古い土瓶から注がれる酒は、コップに見事にすりきり一杯になる。

ここには横浜の財界名士や医者、弁護士のような人も多く来る。学生や社会人になりたての頃、金がなく通って来ていた人が、しばらく来なくなるが、やがて地位も得て時間の余裕も出てくると、また足しげくやって来る。そして昔と何も変わらない店内を懐かしみ、再び常連になってゆくという。

男とは不思議なもので、功なり名遂げ、高級な店に平気で人を連れてゆけるようになっても、ひとりの時は昔入った安酒場の縄のれんをくぐりたくなる。身なりのよい紳士が大衆酒場の片隅で、ひとりひっそりと盃を傾けている姿を各地の居酒屋でよく見た。彼は自分に盃をあげているのだろう。男は苦労し、はい上がってきた昔を決して忘れない。今は高価な酒や料理も口にするが、本当にうまかったのはあの時の安コップ酒ではなかったかという思いがある。

これは男にしかわからないことと思う。女性は「いちど高級店の味を知ると、もう元には戻れないわね」などと言う。

野毛の店で、客はみな一様にここだけはきれいにしたり、改装したりしないでほしいと言うそうだ。このあばら家だからいいんだと。自分の家は住みよくどんどん新しくするのに勝手なものだが、これもまた男の心理だ。女性は、この店は古くて不便でガタピシだからいい、などとは決して言わない。しかし男は家が立派になることなどよりも、自分の苦闘した過去の記憶のほうが大切だ。そのために昔と変わらない居酒屋に今も入る。居酒屋は酒を飲むところであるが、それ以上に、自分の過去をふり返りそれを肯定してゆくところだ。

日本中の居酒屋にそういう男たちがいた。男はセンチメンタルなのだろう。

（『文藝春秋』二〇〇二年／六月号）

※「武蔵屋」は二〇一五年七月三一日閉店。建物もなくなった。

街の匂い、バーの匂い

新宿紀伊國屋書店本店を抜ける通路は、いつも小さなスタンドの店から強烈なカレーの匂いがする。ちょっと食べようかと迷うのをふり切り、伊勢丹裏から明治通りに出ると、角の立喰いそば屋からダシのきいた醬油の匂いが漂ってくる。かけそば一杯いくか。ま、やめておこう。腹も出て肥満が気になる。このオレにも自制心はあると目を（鼻を？）つむり三丁目に渡ると、どこからともなく団扇《うちわ》をバタバタさせた鰻蒲焼の匂いが……。ああもうダメ。

町を歩くと次々にうまそうな匂いが誘惑する。むこうも商売。ヘタな呼び込みよりはるかに効果的なのを百も承知で玄関を開け放ち、通りへ盛大に煙を流して、腹は減っていなくてもつい立ちどまらせる。

銀座の会社に勤めていた頃は、夜の屋台の磯辺焼の匂いにいつも負けていた。醬油の焼けこげた匂いほど魅惑的なものがあろうか。残業の夕めしに屋上屋を重ねるようについ一つ、二つ。タコ焼屋台も多くこちらはソースだ。焼けこげたウスターソースほど悪魔的な匂いはあろうか。毎年八月、近所の麻布十番夏祭では、味はわかっているのに必ず屋台のソース焼そばに手を出してしまう。うまいまずいではないこの力。青海苔をたっぷりふりかけるとこれがまた。その隣から懐かしいカルメ焼の、ザラメ砂糖の溶ける甘く焦げた匂いが鼻をつき、ついこれも……。

食べ物の匂いは強烈だ。とりわけ加熱されて高まり、焦げ香が加わるともうたまらない。しょっぱい系(立喰いそば、焼イカ)、甘辛たれ系(焼鳥、鰻蒲焼)、揚げもの系(天ぷら、コロッケ)、鶏豚スープ系(ラーメン)、ソース系(焼そば、お好み焼)、挽きたてコーヒー、焙じ茶……。いずれもあざとく悪魔のように町へ匂いを放ってくる。

＊

インドへ行けばカレーの匂いがし、韓国はキムチの匂いがし、日本は醬油の匂いがすると言うけれど本当だろうか。スリランカ航空の機内食のカレーはとてもとてもおいしく、客席はその匂いで満ちた。韓国の市場はやはりツンとくる赤唐辛子、キムチの匂いがした。

その国に、その国の匂いがあるのかどうかは知らないけれど、ハワイや東南アジアの空港へ降り、またホテルへ入ると必ず感じるのはココナッツ系の甘い匂いだ。サンタンオイル「コパトーン」のようなカカオとヤニっぽさのミックスした匂いは、南の島へ来たのを実感させる。空港にもホテルにも匂いのあるのはやはり熱帯だからだろう。旧ソ連の寒い空港ターミナルは、冷たい金属とゴムの入りまじったような非情な匂いがした。

日本の町にも匂いはあるだろうか。私が地名から即座に匂いを思い出せるのは、沖縄那覇の第一牧志公設市場だ。グルクン、イラブチャーなどの強烈な原色の魚の生臭い匂い。豚の肉、頭、足。サーロイン、テンダーロインの牛肉の塊の匂い。それを消すようなゴーヤ、フーチバ、ンジャナ、ニガナなどの青臭い薬草香。それらが混然となった匂いを鼻いっぱいに感じながらエスカレーターを昇り二階の食堂へ座ると、もりもりと食欲がわいてくる。

博多ならばご存じとんこつラーメンだ。はいて捨てるほどあるラーメン屋からは濃厚に油くさいすえた匂いが漂い、苦手な私はちょっと弱い。

京都・大阪では町角のそばうどん屋から漂う、昆布・鰹節ダシの匂いが、関西へ来たなあと感じさせ料理文化の違いを思う。東京のように醬油くさくなくいかにも上等だ。

東京は醤油と砂糖の甘辛く濃い割下の匂いだ。すき焼、どじょう、鶏鍋、鮟鱇鍋と、なんでもこれで手っとり早く煮て、刻みネギをぶっかけて食べる。その味は濃く、東京は地方から仕事を求めてやってきた人の町なのだ。

港町神戸は、ベーカリーで焼けるパンの甘い匂いがする。クッキーを焼くミルクの匂い、そこにかける溶けたチョコレートの匂い。左党の私でも、おいしいミルクティーでサクサクとつまんでみたくなる。

＊

食べ物の匂いばかり書いたけれど、匂いそのものを愉しむのならばズバリ、酒が一番だ。リンゴ香のするフルーティーな日本酒大吟醸、バナナの発酵臭という琉球泡盛、ほっくり甘い芋焼酎、太陽に干した布団のような香ばしいビール、枯草の匂いのバーボンウイスキー、甘酸っぱく背徳的な赤ワイン……等々あるけれど、千変万化、華麗な匂いを愉しむとなれば、リキュールとそれを使ったカクテルにとどめをさす。

フルーツ系、スパイシー系、薬草系といろいろなリキュールのうちストレートで味わうのならば薬草系のシャルトリューズかサンブーカがいい。苦く、トロリと甘い濃厚な一杯をミニグラスで、なめるように味わうのはバーの最後の一杯にふさわしい。

また熟成スコッチウイスキーをベースにした甘く芳わしいドランブイは女性にすすめ

るのにぴったりだ。ただし四十度と強い。

リキュールの香りで私が最も愛好するのはスパイシー系のパスティス、キュンメルだ。アブサン、あるいはギリシャのウゾ、トルコのラキの香りといえばわかるだろうか。中近東のしびれるような禁断の香り。水で割ると白濁し、トルコに行った時、安いラキを毎晩飲んでいた。

銀座のバー「テンダー」で、ウオッカ、キュンメル、ライムジュースのカクテル〈タワーリシチ〉を味わっていると、バーテンダーの上田和男さんが「では、太田さんに一杯、オリジナルを作りましょう」とカウンターに瓶を並べた。それぞれを入れてシェイクすること十数回（かな？）カクテルグラスにほの白い一杯が注がれた。

「どうぞ」

ツイー。

私の好きなヤニっぽい南方系の香りにシャープなスパイシー香が加わり、なんとも豊麗な大人のカクテルだ。

「ラムベースに、アニゼット、キュンメル、フレッシュライムジュース。名前は……太田スペシャル、としましょう」

どうです、羨ましいでしょう。私は最近「テンダー」ではいつもこれなのだ。オーダーする時は私の許可が必要だ（わけないか）。

北欧のじゃがいものスピリッツ、アクアビットも私の大好きな酒だ。トロトロに冷やしたのをストレートでスーと口にすると、清潔なじゃがいもの香りと、強い酒に共通する濃厚なコクに陶然となる。強く、何杯も飲めないのでその後はアクアビットのカクテル〈レッドバイキング〉だ。

＊

バーは基本的に無臭でなければならない。匂いの強い花も、もちろんオーデコロンもいらないと思う。客の葉巻の匂いはよいけれどあまり強くては困る。私は煙草を吸わないので煙もうもうの店は敬遠だ。

とはいうものの、無味無臭、ご清潔一点張り、というものでもない。私が好きなのは古いバーだ。仙台の「門」、横浜の「パリ」、尾道の「暁」、松山の「露口」、大分の「房」など、古いバーに共通するのはひんやりとした空気の黴くさい匂いだ。陽の光が入らず、酒の匂い、客の煙草の匂いが長年重なるとこうなるのだろうか。重厚で渋く、入った瞬間にその店の歴史を感じさせる。

晩冬の会津若松で入った三十二年続く小さなバー「フラット」は、黴くさい匂いに石油ストーブの燃える匂いがまじり、冬の北国の古いバーの温か味を醸《かも》し出していた。

しばらくストーブに手をかざしてから衿巻をとってカウンターにつき、〈ホットバタードラム〉を注文した。

＊

銀座六丁目の古いビルの階段を上ったバー「蘭」は、銀座のサラリーマン時代からよく通った。六席ほどのカウンターと壁際の極小の卓二つのみ。英国山荘風木造の店内はほどよく古び、気持を落ち着かせる。

黒ベストに身を固めた長身痩軀の老練バーテンダーはイギリスの名優ダーク・ボガードに似ると噂されたが、私は戦前の名優・斎藤達雄を思い出した。戦前、シンガポールの外国商館に長く勤めた斎藤は、バタくさい風貌で洒脱な紳士役が似合い、銀座に高級バー「機関車」をつくって、私は上司に連れられて入ったことがある。

「蘭」マスターの、長い腕でシェーカーを操り出す落ち着いたストロークは、それを心から愉しんでいるようで、若い私に銀座の古い小さなバーの粋とはこういうものかと思わせた。サッチモを好み、よくその曲を小さくかけ、注文の手が空くと自分もこっそり（本人はそのつもりのようだけど客は皆知っている）ジンか何かをグイグイやっていた。大きな病気を克服し、再びカウンターに立ったと聞き、そんな話をすると「へへへ、ちょいと休みましてして」と軽く受けながし、何か小咄で笑わせた。

その田中達也さんが亡くなったのを知った。私が最後に田中さんの酒を飲んだのは去年の秋頃になる。軽快明朗な〈マンハッタン〉だった。洒脱なバーテンダーは亡くなったけれど、店にはその匂いが残っているに違いない。

（『サントリークォータリー』一九九八年／第五十八号）

東北、震災を克服する酒たち

気仙沼「伏見男山」

二〇一一年五月に訪ねた気仙沼の港埠頭は地盤沈下して傾き、陸には津波の運んだ大型船も残り、美しかった港の風景は全く消えて、復興とはほど遠い。一階が抜けたままのビルも点在する荒涼とした通りに、酒蔵「男山本店」の一、二階を失くした三階の装飾ファサードだけが置くように残されていた。日本酒の蔵には珍しい昭和初期の優美な洋風建築で国の重要有形文化財だ。〝港の女王〟は次の建物にも使われるだろうか。

震災に高台の酒蔵タンクは無事だったが、電気も水道も途絶して温度管理ができず、仕込み中の酒はあきらめた。しかし二週間後、生き残っている「もろみ」の醱酵音を聞き、酒絞りを決意。「地震に負けず生きていたこの音は、気仙沼復興を願う叫び」と絞った「蒼天伝」はかつてない高品質になり、日本酒好きを驚かせた。

港すぐ近くに再建した居酒屋「福よし」で飲んだ、「伏見男山純米大吟醸」新絞りは、定評ある艶を秘めた清雅な味に、どこか「決意」のような力強さを感じる。福よしのご主人から「蔵の社長さん夫妻が来ています」と聞き、挨拶して感想を言うと、じっと聞き入り「ありがとうございます」と手を握り、奥様も深々と頭をさげてくださった。

石巻「日高見」

東日本大震災から五十日後、見舞いに出かけた仙台の居酒屋「一心」で「飲んでください」と一升瓶を出された。それは石巻「日高見」の「震災復興酒・希望の光」で、裏ラベルに次のようなことが書かれている。

〈震災の大揺れで、醱酵中のもろみがタンクから溢れて床は白一色になり白い霧で奥が見えなくなった時、今まで聞いたことのないもろみの悲鳴のような音がこだまし恐怖を覚えた。もろみの全廃を覚悟したが、二週間後に電気など一部復旧して生きているもろみを発見。絞った酒は力強い生命力にあふれ、我々の蔵は生かされたのだと実感した。この酒を震災復興酒・希望の光と名付け、売り上げの一部を石巻市に献金する。飲んだ人たちの「希望の光」となりますように〉

その一途で清らかな力強い味は、厳しい逆境にしぶとく強さを発揮するのが日本酒と思わせた。日本酒は「国酒」だ。日本という国もそうありたい。

銀座の居酒屋「みを木」の女主人は震災直後から東北の蔵に残された酒を引き取り、客に積極的に奨め、義援箱も置いた。店には「希望の光」の空瓶が大切に置いてある。「捨ててはいけないと思います」という言葉に深く共感した。

宮城村田町「乾坤一」

昨年（二〇一三）十一月、仙台の居酒屋にいた私に、宮城県村田町で「乾坤一」を造る久我健君が仕込み中の長靴で来て「今仕込み中ですぐ帰るが、ぜひこれを飲んでほしい」と一本を渡した。彼は私が教授をしていた東北芸工大の教え子で「日本酒蔵に入ります」と挨拶に来て、励ましたことがあった。

震災の日、江戸期から改修を重ねた乾坤一の土蔵壁は崩れ、天井の梁は落ち、タンクの足も折れて傾き「大規模半壊・危険」と認定された。取り壊しは創業以来の最大の宝「蔵つき酵母」の断絶を意味する。「日本酒界のイチロー」と言われるまでになった若きホープは、蔵入りして数年、最大の試練を迎えた。

その後の苦労は並大抵ではなかったろう。設備の再建もあるが、何よりも酒を絞らなければ商品ができない。しかし焦らず「酒蔵のある風景は町の伝統文化」として外観だけでも残すという考えに大学で学んだ視点がみえる。

その場で開封した酒はしなやかさが印象的で、一緒に飲んだ仲間の絶賛をあびた。後に届いた小さなちらしは、二〇一二年に創業三百年を迎えられた喜びと復興支援感謝が綴られる。自ら造った酒の一升瓶を高々と上げる写真に、危機を乗り越えた男の顔があった。

浪江町「磐城壽」

二〇一一年三月一一日。「磐城壽」を造る、日本で最も海に近い蔵と言われる福島県浪江町の鈴木酒造店は、その年の酒仕込みを終了する「甑《こしき》倒し」の日だった。突然の大揺れに、蔵元の鈴木大介さんは家族を高台に避難させ、自身は消防団員として町民の誘導に全力を傾ける。三日後、避難先で見たネット映像で、蔵は跡形もなく消え、タンクは一キロ先まで漂流と知り、廃業を覚悟した。

隣の山形県の東洋酒造が、空いている長井市の蔵を使わないかと声をかけてきた。他県で造るには新しい酒造免許が必要になる。家族の願いは故郷浪江での再開。地元の免許は残したまま、新しい免許をとるため住民票を山形に移すと福島の義援金は受け取れなかった。気候や水が変わるなど数々の困難を乗り越え、祈る気持ちで仕込んだ新酒は、浪江町役場が移転していた福島県二本松市で行われた町消防団出初め式で披露され「これが浪江の味だ、早く帰って来い」と激励された。

蔵が蔵を助け、酒が故郷の結束を確認する。東京・代々木上原の居酒屋「笹吟」で飲んだ「磐城壽」は澄みきった味わいに、しなやかな希望と望郷の念を感じさせた。

神の手が働いた

日本酒の蔵は江戸期から続くところも多く、地産米を買い、人を雇い、多くの税を納め、祭や寄り合いには酒を提供し、庄屋や名主とは別位置の土地の名士として、地域安定の役をはたしてきた。日本酒の基は農業にあり、風土気候とかたく結びついている。

東日本大震災で東北の多くの蔵は壊滅し、廃業が見込まれたが、ほとんどは再開した。そこには日本酒蔵がなくなれば、その地は本当に終わってしまうという地元の強い願いがあった。日本酒蔵は地域のシンボルだからだ。

被害に遭った蔵の震災後の新酒は一様に、それまでのどっしり重い東北酒から、しなやかな優しい味に変わったと感じる。一年に一回仕込む日本酒は気温、湿度、醱酵などが合わさって、最後は神秘的要素が味を決める。大きな困難を経て優しさにたどり着いたのか。私は「神の手」が働いたのだと思う。日本酒が「国酒」であるとこれほど実感できたことはない。

震災直後から居酒屋で「最初の一杯は東北の酒」と一人叫んで「キャンペーン」してきた。酒を飲むことが応援になるのならこんなに良いことはない。酒飲みは義侠心を持て。ぜひ皆さん「最初の一杯は東北の酒を」。

（「朝日新聞」連載コラム「飲むには理由がある」／二〇一四年）

Ⅱ　旅の居酒屋、この一品

新潟「魚仙《うおせん》」のブリなめろう

今年はブリが大豊漁だそうだ。

冬の帝王ブリは北陸では別格の魚で、富山、石川あたりは、娘の嫁入り先へ毎年の歳暮に必ずブリ一本を届けるのが習わしという。

「いかに高かろうと」と言うのがすごく、一本十万円は普通。歳末は超高値にはね上がりプロはかえって買えないそうだ。しかし今年は潤沢に出回ったようだ。食べ方はもちろん刺身。熱湯にさっとくぐらす〈ブリしゃぶ〉も地元以外の都会でもわりあい見るようになった。

新潟長岡の名居酒屋「魚仙」はブリを〈なめろう〉で出す。アジやイワシやサンマを葱、生姜、味噌などとたたく漁師料理なめろうは、手軽な青魚が多いが、それに高級魚を使う。たたいて粘りの出た濃厚な旨みは青魚のあっさりとは格が違う、まさに〝キング・オブ・なめろう〟。コツはニンニク味噌だそうでなるほどわかる。

「魚仙」の創業は大正期と古い。今の三代目主人は新潟の酒に力を入れ、毎年一度、新潟酒を飲む会「酔法師《よろぼし》の会」を主催し、全国から六十名ほども集まって五百本におよぶ一升瓶を並べた大広間で、飲んで飲んで飲みつくすそうだ。必ず出す料理は〈ブリ大根〉と、酒造りの工程で浮く泡を使うという〈ブリの泡汁〉。あとは新潟に欠かせない〈のっぺ〉を鍋に大量に作っておき各自取りにゆく。さぞかし豪快な会だろう。

カウンターをまわした広い店は居心地よく新潟酒のほとんどを楽しめる。俳優・角野卓造さんに顔も声も似る主人はいたって気さく。その角野さんの色紙もある。

今年の冬は記録的な大雪で新潟長岡はたいへんだったに違いない。魚仙のある通りの雁木は役立っただろうか。しかしブリは豊漁。雪をかきわけて来る客に、なめろうを叩く包丁の音もいちだんと高いはずだ。主人の顔とブリを訪ねて今すぐいきたい。

旭川「独酌三四郎」のニシン漬

テレビの「ケンミンショー」を見ていたら、北海道の巨大キャベツ「大球」が写り、「本当だ」と目を見張った。

平べたい形は直径六十センチ以上。大人が両手で持ち上げ、子供は無理だ。それを五つも六つも買うのは冬の常備食〈ニシン漬〉にするためだ。

数年前の暮れ近い頃、雪の中を訪ねた旭川の居酒屋「独酌三四郎」でこのニシン漬を知った。

大球キャベツ・鉈切り大根・人参・身欠きニシンを麹で漬け込み醱酵させる。しゃきしゃきばりばりした歯応えにニシンの濃厚な旨味がからみ、いくらでも食べられる。

「大・中・小盛り」があり、「小」にしたがすぐにお代わりした。

おかみは秋風の吹く十月頃から大根を干し、身欠きニシンを炭の灰汁（あく）にうるかし（浸し）、さらに水にうるかすと脂が抜けて青光りしてくる。大量に作るので米のとぎ汁では間に合わない。妹さんと二人で一週間かけ、二斗樽に十三樽漬けたと聞いた。そのとき大球キャベツを「こんなですよ」と手を広げて説明され、にわかには信じられずにいたのがテレビで本物を知った。

家庭では新年に樽を開けるが（昔はニシン入りは贅沢だった）、店では十一月末から出し、春にはなくなる。冬の厳しい北海道の大切な越冬保存食で大球キャベツはニシン漬以外には使わない。

独酌三四郎は戦後すぐの昭和二十一年、あえて町の中心からはずれた場所に「三四郎」の名前で来てくれる客をと、先代が始めた。

すらりと背の高いおかみは着物に古風な長い白割烹着が似合う、おいら選定〈日本三大白割烹着おかみ〉の一人。対して裏方をつとめる二代目主人は苦労人のおもかげを残して、おかみを支える。開店以来変わらないお通し〈酢大豆〉はお土産に買えるほど好評だ。

北海道一の名居酒屋と言おう。

富山「親爺」の生ホタルイカ

春の先が見えてくると、この入荷を待って居ても立ってもいられなくなる。それは生ホタルイカだ。

捕れるのは富山湾。夜目にも美しくきらきらと発光するホタルイカの群れをテレビで見た人もいるだろう。実際に夜船に乗り込んで見にいくツアーもあるそうだ。

ホタルイカはボイルを生姜醤油で食べるのが普通だったが、数年前に生ホタルイカを初めて食べたときはフルエタ。しっとりねっとり、ぬらりと舌にからみつく可憐でセクシーな旨味は、ずばりロリコン。小なりといえどもちゃんと持っているワタや子の濃厚な旨味が命だ。

イカなら何でも好きなおいらには衝撃の体験だった。ガス入り袋の活き搬送が可能にしたのだろう。しかしもちろん本場の獲れたてにはかなわない。

富山駅前の「親爺」は地元で不動の信頼のある老舗居酒屋。午後四時開店より前にもう客がいる。富山湾の魚はなんでもござれで、もちろんホタルイカはキトキトで、ぱりっと張った身が都会で食べるぐんにゃりとは大違いだ。これに〈水がうまい〉富山名酒を合わせれば交通費をかけた元は取れる。さらにホタルイカをきれいに並べて挟んだ昆布〆が「ここまでしなくていい」と感涙の逸品で、昆布〆王国・富山の面目躍如。宿泊費をかけた来た甲斐がある。

さらにせっかく来たのなら、珍品にして絶品の〈ゲンゲ汁〉を忘れるな。どじょうの親分のような魚体の全身を、一センチもある厚い透明外套膜で覆った深海魚ゲンゲは、足がはやい（傷みがはやい）ので現地でしか食べられず、あっさりすましに葱だけの一尾まるごとの汁は、淡泊にして旨味濃いという表現矛盾を許す逸品だ。

散切り銀髪に塩辛声が渋い二代目主人、おにぎりが絶品の美人奥さん、包丁を持つ手が頼もしい三代目と家族の温かさもまた豊かなる味のうちだ。

京都「酒亭ばんから」の焼油揚

誰もが好む酒の肴の一つが焼油揚だ。

軽く焙って刻み葱をのせて醬油をさーっとまわして熱いうちに。削り節におろし生姜が加わればさらによく、一味をぱらりとふる辛党もいる。男は黙って焼油揚。

おいらの食べ方は、刻み葱に醬油をかけてかきまぜ、しばらくおいて、葱のねばりが出てきた頃に油揚げと食べる。俳優・角野卓造さんに教わったやり方だ。

油揚げは新潟県栃尾に代表される厚揚と、京都に代表される薄揚に分かれる。栃尾の厚揚げは空気でふくらんだ中のフワフワの白いところが厚くおよそ三センチ。揚げ油をしっかり切るために金串で吊り、その穴が栃尾産の証明だ。わり合いガリッと焼いて食べる。

一方京都のは、中の白いところをぺちゃっとつぶして薄く、ふわりと温める程度に焙ると少しふくらんでたいへんおいしい。どちらも大豆の旨味を残して生の油の匂いを香ばしさに変える揚げ方が秘伝だ。

おいらは最近はどちらかといえば、硬派で男っぽい栃尾よりも、軟派女性好みの京都派になった。東京でも京都から取り寄せて出す居酒屋があり、酒を塗って焼くのがコツと聞いた。

京都先斗町二十一番路地奥の居酒屋「酒亭ばんから」の焼油揚は、北野天満宮前の老舗「とようけ屋」の油揚を使う。栃尾のようにがさごそしない食べ心地は、大口を開けずに食べられて品がいい。せっかく京都に来て、みやびな料理を尻目に、焼油揚で一杯やるのもオツなものだ。

油揚好きには東京の豆腐屋のものは油くさくてだめだ。うどんなどに入れる時も熱湯でしっかり油を流さないと使えない。信州松本の妹から「筑摩あげ」という名品を送ってもらって焼いて食べている。どちらかと言うと隣県新潟の栃尾型に近いが、もう少しやわらかい。

たかが油揚、されど油揚。奥は深い。

大阪「明治屋」のきずし

春一番、居酒屋ファンに一大朗報、あの「明治屋」が帰ってきた！

おいらがあちこちで「居酒屋の聖地」と書いてきた大阪阿倍野の明治屋は、明治末に酒屋を始め、昭和十三年から居酒屋になった。戦前の重厚な瓦屋根木造二階家のまま、表通り路面電車のガタゴト音を子守歌に歴史を重ね、計画から三十年、広大な更地のまま遅々として進まない阿倍野再開発のなかで、独立した最後の一軒として孤高を保ってきた。

その行末が危ぶまれる姿は全国の明治屋ファンをやきもきさせていたが、昨年十月末、ついに暖簾をおろす日が来た。おいらは閉店数日前に行き、「今日で最後」と姿を目にやきつけるように飲んだ。新ビルに入ることは決まっていたが問題は内装だ。今の姿を極力再現するよう懇願し、店主・英子さんは「皆さん、そう言やはります」と答えたが、はたしてどこまで通用するかとても心配していた。

この四月五日新開店と聞き、早速大阪在住の斥候を派遣した。届いたメールの店内写真を見て「これは前の店じゃないか」と一瞬、目を疑った。入口の「酒」の暖簾はもちろん、カウンターは前の店のを持ってきて据え、四斗樽、銅の燗付け器、商売繁盛に寝そべる牛のブロンズの位置、品書き、神棚まで写真で見る限り前と寸分変わらない。

その安堵はいかばかりか！　阿倍野駅前にピカピカの「ヴィアあべのウォーク」なるビルにそこだけ異彩を放っているが、連日満員というのがうれしい。大阪の居酒屋ファンはやはりわかっていた。居酒屋の魂は、古びても変わらない内装の居心地にあるのだ。

明治屋のあては皆すばらしいが一品なら〈きずし〉。関西の居酒屋になくてはならないきずしは、関東の〆鯖とは違うまったりした三杯酢が、鯖をやわらかく味わい深くする。新明治屋の昔と変わらぬガラス徳利で、きずしを味わう日をわくわくして待っている。

高松「美人亭」のイカナゴ

福島原発事故で海に流出させた放射能汚染水のため、茨城の小魚イカナゴ漁ができないというニュースを聞いた。全く許せないことだ。

丸く細長いイカナゴは二センチから十五センチくらいに成長する間に食べ、四〜五センチくらいのを関西ではカマスゴと言う。関東でコウナゴ（小女子）、北海道でオオナゴ（大女子）と言うのは大きさも表わしているのだろう。イカナゴの名は「如何なる魚の子か」によると文学的な解説があった。

分類はスズキ目イカナゴ科。名前も形も似る鹿児島のキビナゴは同じものと思っていたが、こちらはニシン目ニシン科で別の魚だった。

二〜四センチの小さいイカナゴを甘辛く飴炊きした「釘煮」は神戸では欠かせないもので各家庭秘伝の味を持ち、キロ単位で買ってゆき、その頃になるとプロはかえって買えないのだそうだ。その釘煮を親戚や子供夫婦などにどっさり送る。新幹線駅には臨時売店も出る。おいらは甘くてやや苦手。

イカナゴのベストは軽い焙りだ。高松の名居酒屋「美人亭」では五〜七センチくらいのをさっと焙り、芥子《からし》醤油で食べさす。まっすぐな細い美人魚を焙ると、イヤイヤと少し腰を曲げてセクシーになり、ほとんど骨を感じないしんなりした身はホロリとしてとてもおいしい。もう少し大きく十〜十五センチなると骨もしっかりと嚙み心地がつき、筋肉質の男っぽくなる。これが京都に行くと茹でカマスゴを、こちらは三杯酢で食べ、京都らしい。

近所のスーパーに「今だけの味」とレッテルされて、茹でイカナゴ（細い五センチ前後）をパックで売っていた。そのまま酒の肴につまむと、ひなびた海の小味がじつにうまかった。イカナゴは海の表面の浮遊魚のため放射能水の影響を受けやすいという。茨城のうまいイカナゴを早く食べたい。

原発のバカ！

横須賀「銀次」のしこいわし

「しこ」は「ひしこいわし」のことで「かたくちいわし」も同じ。西洋ではオリーブオイル塩漬けでアンチョビにする。鰯こそいくらでもとれる大衆魚の王者。どれだけとれるかというと、幼魚のシラスが成長すればみんなイワシになると言えば納得するだろう。

難点は鮮度が落ちやすいことだ。刺身は「七度《ななたび》洗えば鯛の味」といわれるほどだが、そんなに洗うと旨味が抜ける。素早い鮮度こそ命。青と銀にピカピカ光るのをするりと指で捌いた手開き小イワシの旨さは、生シラスと同じで水揚げ港近くの特権だ。

東京湾では浦賀、久里浜あたりによく揚がるが、体長七センチほどのしなやかな小イワシは東京まで味がもたず、したがって東京では食べられない。

そこで横須賀へゆく。横須賀に名居酒屋「銀次」あり。小魚の宝庫、瀬戸内海広島のイワシ素裂きは酢味噌で食べるが関東は生姜醬油。おいらは後半に酢をもらって、生臭みがまだ出ないフレッシュなのを酢洗いすると粋になる。

イワシは丸干しよし、酢〆よし、焼いてよし、梅煮よし、天ぷら、フライよし、つ

み れ汁またよし。まことにイワシこそ偉い奴。海洋国ニッポンの豊かなごちそうだ。

銀次のゆったりした古い木造店内は広く、カウンターには客の尻で磨かれた木の丸椅子が並ぶ。高い天井から下がる裸電球は時代が止まったようで、毎日通う常連がうらやましい。

鍋の昆布と鱈に温まる湯豆腐も超おすすめで、大きな一丁のまま芥子をぺったり塗り、そのつどカツオ節削り器で掻いた花カツオと山盛り刻み葱に、醬油をたらーりとかけ回すとたまらない。昔は豆腐一丁で酒を飲んだが最近は半丁も出すそうだ。名物の煮込みは海軍の町らしくカレー風味を感じる。旅をしてでも訪れたい名居酒屋。

静岡「多可能」の桜エビ

春から夏の居酒屋の花形といえば桜エビだ。

桜エビとはよくつけたネーミングで、桜が散り終えたころに、「つ」の字に曲がった赤いエビがこんもり盛られると再び花見気分がわいてくる。夏場は産卵禁漁のため、四、五月が最盛期だ。本場はもちろん駿河湾。というかここでしかとれなく、蒲原から由比あたりの海岸に、まだ雪の残る富士を背に天日干しされた赤い絨毯は、まったく絵になる。

産地では生桜エビが食べられ、当たり前だけど本当にエビの刺身の味がする。ただし生は漁のあった日だけ。

私の好きなのは釜揚げだ。プリプリに太ったのを箸でつまみ始めるとやめられない止まらない。いつか土産に買った大量パックを「やめなきゃ、やめなきゃ」と思いながらほとんど食べてしまったことがあった。

静岡の居酒屋「多可能」は創業大正十二年の老舗。駅近くに建つ木造一軒家は、暮らしやすい土地・静岡の明朗な気風に満ちる。盛大に野花を活けた玄関に「本日生桜エビ、生シラスあります」の小札が出ればしめたものだ。

生、釜揚げのほかに、桜エビの帝王は〈かき揚げ〉だ。これでもかと大盤振舞いにエビを投入した巨大な〈桜えびかき揚げ〉の揚げたての香ばしい匂いよ！　塩もいいが、おいらは天つゆ派で、熱々をたっぷりのつゆにじゅっとつけてバリバリとやる快感。これに冷たい生ビールで初夏きわまれりだ。

東京あたりは〈新玉葱と桜エビのかき揚げ〉が定番で、これはこれで新玉葱の甘味がよく合うが、桜エビ百パーセントはまさに「殿」のかき揚げ、豪華ですなあ。

「桜エビは由比《ゆい》、生シラスは用宗《もちむね》」と言う渋い風格の二代目に、山賊髭が似合う若い三代目が頼もしく、静岡の酒飲みが毎日のんき気に宴会を開いている。

静岡「鹿島屋」のカツオ刺身

おなじみ〈目には青葉山ほととぎす初鰹〉カツオ＝鰹、堅魚、松魚。いろんな書き方をするが、いずれも天秤棒でかついだ桶で「どいたどいた！」と走り出す威勢のよさが漢字にも表われる。走って急ぐのは、カツオの立ち腐れと言って傷みが早いからだ。〈女房を質に入れても初かつお〉五月のカツオ食わなきゃ江戸っ子じゃねェ！江戸っ子が初カツオに熱狂するのは、ズバリ「血の気が濃い」からだ。カツオの味は血の味で鉄の匂いがする。市場に揚がったのをすぐに刺身におろし、丼の醤油に指でつまんでくぐらせてそのまま口へ投げ込む。箸なんか使っているヒマはないのがせっかちな江戸っ子。ヘタな料理なんかいらねェ。

五月、黒潮にのって上りカツオは北上し、九〜十月頃に気仙沼あたりまで来ると、水温が下がって脂がのった戻りカツオになり、再び南下する。秋口に気仙沼で食べるカツオは文句なしの旨味濃厚日本一で、気仙沼港の復興をせつに願う。初カツオの今は静岡に直行。目の前の太平洋には魚が年中うようよしている中でもカツオは主役だ。市内からやや歩いた老舗居酒屋「鹿島屋」。は何を食べてもおいしいが、不動の主役はカツオの刺身。店の正面には一字〈鰹〉と大書した額が飾られる。

カツオ刺身は厚く切ってこそだが、ここのはなんと厚さ三センチ、縦に立つ。名代の威信にかけてつねに最上のカツオを求めた刺身は、古い血の生臭さはみじんもなく、透明感のある甘味はカツオの貴公子。生姜も山葵《わさび》もまったくいらない。これが秋口の戻りになると脂がのった大年増。しかしマグロのトロほどいやらしくないのがカツオの男らしさ。カツオ＝勝男、活男、喝男。日本男児はカツオだァ。

高知「黒尊」のカツオ塩たたき

東京、静岡、気仙沼など東日本は、カツオは刺身を好むが、四国高知は断然「たたき」だ。

傷みのはやいカツオの身の表面を焙り、切身を酢でたたく保存調理だが、生より旨いと、刺身でいけるのもたたきにするようになった。そこにニンニク、青葱、大葉（高知では青蘇《せいそう》と言う）などの野菜、紅葉おろし、生姜の薬味にぽん酢（高知ではちり酢と言う）を加えて栄養バランスをとる。高知で初めて食べたとき、オニオンスライスを敷くのが「四万十流」と聞いたが、今はどこでもするようになった。

ポピュラーなカツオたたきは日本中で食べられていると思っていたが、青森から北海道、また日本海側ではまったく認知されておらず、やはり黒潮の魚だなあと知る。

本場高知では「塩たたき」が人気で、繁華街をややはずれたその名も「宵まち横丁」にある居酒屋「黒尊」が元祖とされる。皮を残したサクに塩をふり、ガス火でガーと焼く「焼き切り」で、皮が脂をじゅうじゅうさせて焦げたのを刺身に切ると、余熱で溶けた脂で一ミリほど白く囲まれた赤身はまだひんやり。そこに生ニンニクぶつ切りを思いきりふりまいてがぶり。焦げ香、血の味の赤身、生ニンニクの鋭い刺激はワイルドそのものだ。

店名「黒尊」は主人の出身地、四万十川上流の黒尊渓谷のことだ。目の精悍な主人は今もときどき帰り、はえ縄や突き銛で四十センチ級のアマゴをとる。高知は太平洋のイメージが強いが、後背の山脈は今なお野性の秘境なのだそうだ。

人気のこの店はいつも予約で一杯だが、遠くからのおいらは開店早々「予約客が来たら出るから」と座らせてもらい、すぐにこれを注文する。さらに生ニンニクも追加。まさに血がわきたつようなカツオたたきは、江戸っ子の刺身好きなどまだまだ、ひ弱と思わせますナ。

甲府「くさ笛」の山菜

初夏の山には、山の幸あり。キミは山菜のほんとうの旨さを知っているか。山菜ほど鮮度を尊ぶものはなく、市場や八百屋を経由している時間がもったいない。魚は冷凍という手があるが、山菜はもちろん無理だ。それは文字通り「生命」の味だから。生命力が弱くなる、あるいは死んだものはその味がなくなる。

冬を越した山は生命力がいっせいに吹き出す。その時期に山に入ると、山の「気」がこちらの生命力も活発にするというが、かつて私も四月の大菩薩峠あたりをよく歩き、自分の気力がぐんぐん若返る体験をした。

であれば本物の山菜は現地にいくしかない。

山梨県甲府は駅におりる人も少なく、これといった店もない町だ。駅前の横丁の居酒屋「くさ笛」は小路に並行した長いカウンターで、左右両方から入れる。着物に白割烹着のおかみはお歳のはずだがまことに若々しく、さばさばと明るく、若いのも中年も老人も、和気あいあいたる雰囲気だ。若さの秘密はこの時季は毎日、雨の日はカッパを着て出ていく山菜採りだ。金峰山《きんぶさん》、瑞牆山《みずがきやま》あたりまで遠征して、この辺の山菜は熟知している。

その収穫がカウンターに重なる。これはコシアブラ、ハリギリ、ウド、ヨブスマソウ、イケマ、ヤブレガサ、などと説明してくれるが、こちらには皆同じに見える。ところが、おひたしや天ぷらなどで次々に出してくれるのを食べると、甘い、苦い、塩気、粘り、精がある、などそれぞれの味の違いに驚き、山菜とはかくも豊かなものか、そのすべてが生命の味であると感動請け合いだ。

店名「くさ笛」は、島崎藤村「千曲川旅情の歌」の一節からつけたというのがいい。

仙台「正時浪《しょうじろう》」のイカ刺

東日本大震災からはや四か月。被災者の苦しみや、ここぞと立ち上がったボランティアの人々をよそに、保身の政争にあけくれる政治家どもにはまったく腹がたつ。お前ら次の選挙で必ず落としてやるから憶えとけ。

風評をはねのけ今こそ東北に出かけて酒を飲もう。まず経済の復興。しばらく東北シリーズだ。

仙台の居酒屋「正時浪」に地震見舞いに飲みにいき、奨められた〈イカ刺〉に目を見張った。イカの腑（肝ワタ）を仙台味噌・白味噌の合わせ味噌で練って盛った上に生イカ刺身をのせ、刻み茗荷と浅葱を散らす。

これを合わせて食べると、あっさりしたイカ刺がワタと味噌のどっしりした重量感をまとって箸が止まらず、これぞ東北魂の刺身。ビールも日本酒もチューハイもハイボールも何でも合う。

当店はもつ鍋居酒屋で、一人前でも、生もつ、ニラ、大キャベツはボリュームがあるが、残さずに食べきること「絶対」請け合いだ。その秘密は帝国ホテルのシェフを務めた先代の残した秘伝黄金スープ。後半、餅かちゃんぽん麺を投入すると誰もが無我夢中没我放心アヒー状態になる。

てきぱき働く若い衆の総大将・神尾正次郎は、コンテストに出場していた本格ボディビルダーだ。最盛期は身長百八十一㎝、胸囲百三十㎝、体重百十四㎏。一日六食で作り上げた体で有名格闘家と競い合った。それでいてエキゾチックなマスク、礼儀正しい気質は近隣マダムの熱い視線を集めている。

「だろ？」「またまたー、太田さん調子いいから」

まあいい。大地震は大変だったが、彼の厚い胸板、熱い心はすこしもくじけてはいない。イカ刺、もつ鍋でスタミナつけて東北復興だあ。

仙台「一心」のホヤ

「海のパイナップル」ホヤの味は食べた人にしか説明できず「保夜」と意味深な字を充てる人もいる。新鮮第一で、東京あたりで口にした人が現地で食べると、必ず「これはまったく別物」と熱狂的なファンになる。「日本ホヤ同志会（略称・日ホ同）」会長は作家の椎名誠さんだ（うそ）。

おいらがホヤ開眼したのが仙台一の繁華街国分町の居酒屋「一心」の「夏季限定・天然ほや」だ。フレッシュな香り、みずみずしい甘味、しなやかな弾力、しびれるエグ味は、誰もが言うように「海を食べる」に尽きる。

「しかし」と、ある日ホ同会員は言う。「ホヤの醍醐味は食べ終えた後に飲む水にある」と。ではと試したがおおいに納得。口中に残るエグ味をさっぱりと洗い流す水は甘く感じて、まさに甘露。まあ、お試しあれ。

「しかし」ともう一人の日ホ同会員（おいら）は言った。「水もいいが、この一杯を飲んでみよ」それは一心のプライベートブランド「伏見男山純米大吟醸中汲み」だ。よい酒の「水のうまさ」とはこのことだと知る。天然ホヤとこの一杯こそ、最強の東北コンビだ！

店内には高々と〈宮城県産酒は宮城県民の宝です〉の標語が掲げられ、最近その後に〈宮城・東北の復興に向けて心を一つに、一心〉が加わった。気仙沼の伏見男山の蔵も壊滅的な被害を受けたが、タンクにしぶとく生き残った醪（もろみ）を、気仙沼復興のシンボルにと祈る気持ちで絞った酒「蒼天伝」は、過去最高の品質になったという。「宮城がんばれ四種セット／乾坤一・墨廼江・伯楽星・田林」は大きな被害を受けた蔵の最高品質酒のセットで値段ともに大サービスだ。

皆さん、東北に行って東北酒を飲め！

会津「麦とろ」の馬刺

新聞報道にユッケの被害者が出たのは全くいけないことだ。生肉食は衛生保証が絶対条件で信用回復につとめてもらいたい。

おいらは信州松本の育ちで「馬刺」は子供の頃から食べていた。今も馬刺は肉屋でいつも売っている。大学生の頃、夏休みなどに帰省すると、母は御馳走に馬刺を用意してくれた。馬刺は生姜かニンニク醤油で食べるのが普通だが、信州では玉葱スライスを敷いてのせ、浅葱を巻いて食べる。葱の青い香りが赤身肉によく合いますぞ。馬刺を恒常的に食べるのは長野、熊本、東北だ。幼時から馬刺を食べ慣れたおいらが各地で味わった馬刺の最高峰は、福島県・会津坂下町の馬刺だ。

会津若松の城下町らしい一角の居酒屋「麦とろ」の馬刺は隣町・会津坂下のものだ。会津地方ではこれを辛味噌で食べる。というか肉屋で買うと辛味噌がついてくる。馬刺はマグロのように、通は脂の多い「霜降り」よりも「赤身」だ。もちろん新鮮第一で新しいものはやわらかい。味はマグロ赤身よりも精がある、という程度にあっさりして獣肉のくさいしつこさはまったくない。いくらでも食べられて日本酒によく合う。

主人は夏はランニングに短パン一丁。東北山国の夏は、塩鯨と茄子、インゲンなど夏野菜をうすい味噌で仕立てた〈鯨汁〉が大切なスタミナ源だ。今や高価な塩鯨に替わって泥鰌《どじょう》も使う。馬刺、鯨汁、泥鰌汁に麦とろ。山国の夏の知恵は自然食ばかりだ。

福島でも会津地方は直接的な地震被害は軽かったようだが、風評被害による観光客激減に苦しんでいるという。心ある飲み助よ、会津の居酒屋の馬刺で風評なんか蹴っ飛ばせ！

会津「籠太」のニシン山椒漬

身欠きニシンを酢でもどして木の芽山椒と漬けた〈ニシン山椒漬〉は都会の居酒屋でたまに見るけれど、本場のものはまったく違う。本場とは会津地方で、東北の山国は身欠きニシンや塩鯨、カスベ（エイヒレ乾物）、干し貝柱などの保存乾物調理にすぐれ、ニシン山椒漬は傑作の一つ。その最高峰が会津若松「籠太」の自家製だ。

最上等の身欠きニシンを何日もかけて最上等の酢でもどし、最初の酢を捨て、山にたっぷりある木の芽山椒と新しい酢で二度漬けしたニシンの背は青と銀に光り、身は鮮やかな赤で「新鮮」と言いたいほどだ。しっとりとした歯応え、身欠きニシンの強烈な脂の匂いはマイルドになり、ほのかな酸味のなかに「生ニシン」の味わいが出ていることに驚く。これを肴に、今や全国トップレベルの福島・会津の酒をやるとたまらない。

門構え、飛び石伝いの玄関を入る老舗名料亭の板敷き一階を居酒屋カウンターにした居心地は最高だ。主人・鈴木真也さんは東京の大学を出て京都で料理修業して会津にもどり店を継いだ。

一方、酒を含む地産地消の指導者として数々の名酒を育て、郷土料理を見直し、洗練させて復活した。干し貝柱で出汁をとる〈こづゆ〉は、細かく刻んだ野菜の煮物で、会津に欠かせない祝い料理だ。

全国からここを訪ねてくる客に料理のいわれや歴史を語る姿は、郷土の社会改良、発展を願う会津藩士と重なる。紺地に「會」と一文字染め抜いた旗は自らに流れる血の誇りだ。この大震災の後にはまだ訪ねていないが、そのときそして以降、鈴木さんがどう動いたかをいずれ聞いてみたい。

大津「おゝ杉」の鱧しゃぶ

魚偏に豊で「鱧」。鱧でんな、鱧どすえ。祇園祭のコンチキチンが聞こえると京都は鱧一色になる。祭の前後は鱧寿司一人前が一万五千円にもなるそうで、品質のよい紀伊水道産はほとんど京都へゆくという。関東ではほとんど関心のない鱧を、京都人はどうしてこんなに執着するのだろう。

太い胴長を捌いて大骨を取り、軽く干し、重い鱧切り包丁で小骨をぎしぎしと骨切りする面倒な素材を、鰻・穴子と並ぶ夏のスタミナ源として食べ方を工夫したのが京都の鱧だ。関東でも鱧はとれるが調理法を知らないのだとか。

湯がいて冷ました〈鱧おとし〉、軽く焙った〈焼切り〉を梅肉や山葵醤油で食べる。胡瓜と合わせた酢の物〈鱧きゅう〉もある。関東のおいらは正直なところ鰻・穴子は好物だが、鱧はどこがうまいのかわからなかった。

しかし〈鱧しゃぶ〉で鱧の旨さを知った。それは鰻・穴子よりも上品な脂の旨味だ。熱湯に浸すとさぁーっと脂が散り、白い花びらのようにぱっと開いて、加熱により旨味が立ってくる。通は冷たい〈おとし〉かも知れないがおいらは、鱧しゃぶ、焼切り、おとし、の順だ。鱧は、頭は出汁に、骨は揚げてせんべいにと捨てる所がないそうだ。

この鱧しゃぶに松茸が加わると「ええどすなー、京都の秋」の豪華鍋となる。

京都の隣の静かな町・大津の「お丶杉」は、京都で修業した感じのよい主人と美人奥様のおしどり夫婦が、本場京都からも客を迎える。絶対のお値打ち〈鱧の炭焼と鱧しゃぶコース〉は関東人にはわかりにくい鱧の神髄を味わえる。

もうひとつの逸品〈鰻しゃぶコース〉は、鰻は白焼か蒲焼か、焼くしか知らない関東人には目からウロコだ。

千葉「舟勝」の酢なます

食欲のすすまない夏に、青魚を薬味と味噌で叩いた〈なめろう〉は最高だ。皿まで舐めるほどおいしいと名がついたが、もともとは漁師が白飯弁当のおかずに、とった魚を船上で捌いて食べる方法で、そのため船でこぼれる醤油は使わず味噌にした。千葉御宿の居酒屋「舟勝」の主人は今も海に出る漁師だ。船上のなめろうは真水が使えないなど結構荒っぽく、家で丁寧に作る方がもちろんおいしい。

アジ、イワシ、サンマなど何でも使うが、春のトビウオ、夏のイサキ、イナダは最高。薬味はいろいろ試したが葱と大葉に落ち着いた。青唐辛子を焼いてたたき込むのが工夫で、食べ進むうちにじんわりと額に汗がにじみ、暑い夏には爽快な刺激になる。問題はたたき加減で、粗くては刺身と変わらず、たたきすぎて糊のようになってはやりすぎ。ここのは結構たたいて粘りはあるが、魚が新鮮なので身は崩れないそうだ。

このなめろうを浅鉢の生酢に沈め、氷を放り込んだのが「酢なます」だ。十五分もすると表面が白くなり、箸で切ると中はまだ赤く、表面の酸味と中のなまぐさ味が渾然として「真夏にこれで丼飯が食える」。こちらは丼飯ではなく氷を投げ込んだ冷や酒がくいくい進む。

舟勝は釣師の間では有名な店で、釣新聞の取材者も多い。浅黒く船焼けした主人は健康そのもの。千葉の地酒にくわしく、行くたびに「先生、おもしろいものがあります」と出してくれる。

昔、私が雑誌に記事を書いたら、その編集部（新潮社さんです）が社員旅行にいき、泊まりは姉経営の民宿、宴会はこの舟勝でやって、おおいによかったそうだ。

大分「こつこつ庵」の琉球

「琉球」という食べ物を御存じか。鯖、鯵、サワラ、鯛など、刺身の切れ端をゴマ醤油のたれに浸けておく、福岡の〈ごま鯖〉のようなものだ。なぜ琉球と言うかは不明だがゴマを使う利休和えからという説もある。もともとは夏の家庭料理で、ゴマをあたった擂《す》り鉢に刺身をたくさん入れて玉子をおとし、親父は酒の肴、女子供はごはんにのせて食べる。うまそうだな。

大分県庁と大分合同新聞の巨大ビルの間に挟まれた、木造総二階、壁一面に昭和の琺瑯看板を貼り付けた名物居酒屋「こつこつ庵」は堂々と存在感を主張して、県外にも有名だ。ちょび髭が似合うマスターはジャズサックスの坂田明氏によく似て、自らもサックスを吹く。

　ここの琉球は関鯵、関鯖を使うから上等だ。合わせる酒は、夏の今は氷を浮かべた麦焼酎にカボスを絞り入れておとすと緑色うつくしく、たいへんおいしい。

　店内を埋めつくす、古ラジオ、電蓄、看板、柱時計などの昭和コレクションが圧巻だ。今でこそ昭和レトロブームだが、マスターはそれらが現役の頃から、いずれなくなると蒐集を始め、今やどれだけの価値があるかわからない。

　しかし奥さんは「ガラクタばかりなのよ」と渋い顔で、おいらは「これだけのものはメーカーにもないはず」とマスターの味方をして力説するが反応はいまひとつだ。

　壁に並べ続けた古い焼酎一升瓶は、ラベルもやけて汚れてしまい商品にならないと、おいらは数本をいただいた。

　しかし、およそ三十～四十年は並べていたであろう無名のその焼酎の旨さ！　ラベルの汚れなど気にしない焼酎通に飲ませたら仰天するに違いない。マスター、ぜひ店に出すといい。

会津「鳥益」の焼茄子

茄子は偉い。塩もみよし、煮てよし、焼いてよし、炒めてよし、漬物にしてなおよし。油や味噌となじみ、ジャージャーと音を上げた〈茄子味噌炒め〉はおふくろの夏の定番おかずだった。

人差し指くらいの仙台茄子、ころりと硬い民田なす、さんまのように細い長茄子、大きく真ん丸の賀茂茄子など、茄子もいろいろだ。「秋茄子は嫁に食わすな」というが、夏を超して実りの秋とはなってきた。

酒飲みの好きなのが〈焼茄子〉だ。料理は簡単。焼いたのをアチチと皮を剝き、生姜醬油で食べる。家庭でもおなじみ、焼き茄子を作ってくれる女房はいい女房だ。

美人若女将と名料理で評判の、会津若松の居酒屋「鳥益」の焼茄子は、火床にたつお母さんの担当だ。

およそ二十五センチの長茄子を二本、炭火の灰に埋もれさせること二十分。パンパンと灰をおとしてヘタを切り、熱いのを指に手水をしながら電光石火で皮を剝く。長角皿にヘタを飾り、生姜を添え、裸になったのを並べた上に削り節をこれでもかと大盛り。わらわらと身もだえする削り節にさーっと醤油をまわして、カプリ。灰の中で柔らかく熱がまわってトロトロになった茄子の香りよ、甘味よ。二本を一気に食べ、「アー、茄子を食った」と満足感にひたる、これぞ男殺しの焼き茄子だ。

店内は若女将のご主人が丹精して集めた蔵の引き戸や板戸を縦横に使い、紅殻の壁、大きな大黒・恵比寿など骨董品、手製の篆刻扁額を要所に配し、豪壮な番屋屋敷のような力強い華やかさがある。

秋の夜、焼茄子で一杯。こたえられません。

京都「小鍋屋いさきち」のアサリ大根鍋

秋も深まると鍋が恋しくなる。ほわりと湯気を上げる鍋を前にした一杯はたまらないが、鍋といえども立派な料理。手順も食べ頃もある。

居酒屋で大勢で「よし、鍋いこう」と注文するとたいてい失敗する。初めは生煮えを取り、そのうち箸が減ると煮物になり、何が入っているかわからなくなる。ワンラウンドごとにすべてを掬い取っておつゆをきれいにして、また始めるのが肝心だ。そこで登場する鍋奉行だけれど「あ、それまだダメ」「さあこれ食べろ」と指示されるのもしゃらくさい。

酒の相手には小鍋立ての一人鍋がいい。具は「青物と何か」の二種が基本で、もう一つ入れても豆腐まで。簡単鍋の食べ頃を一人で管理するのがまた楽しい。

その小鍋立てを「完璧に」実現できるのが京都の「小鍋屋いさきち」だ。できますものは例えば、水菜と揚げ／しじみと大根／三つ葉とキノコ／きんぴらと鶏／じゃがいもと鶏、など組み合わせいろいろに、鯛しゃぶ／ブリしゃぶ／雲子／牡蠣などもある。鶏はすべて豚とどちらかを選べる。豆乳の湯葉鍋は、最後ににがりを打って豆腐にする。

私が好きなのは〈アサリと大根〉だ。ふつふつ煮える大根千六本に、アサリがカパッと開いたらすぐに箸を出したいが、アサリの出汁が大根にしみ込むまでやや待ち、ぽん酢醬油で食べると、本当にうまい主役は大根と知る。最上の昆布を使った出汁は惜しげなく追加され、カウンターに埋め込んだ電磁ヒーターは、主人が手元で調整しているので煮えすぎることはない。

今夜どうです、あなたも一人鍋。

大阪「門」の水茄子

夏の大阪名物「水茄子」はここ二年くらいで東京の居酒屋でも少し見かけるようになった。知っている人は「オ、水茄子」と必ず注文する。

丸いのをカプリとやったやわらかな食感、香り、まさに水々しい風味は他では替えられないもので、一度味わった人に鮮烈な印象を残す。

水茄子は大阪泉州が本場だ。大量の水分を含んだ生食可能な茄子は珍しく、ぬか漬けがおいしい。それも泉州岸和田出身主人の水茄子となると、ひと味違う。

大阪キタはお初天神、階段を二階に上がった居酒屋「門」の、威勢よい兄貴マスターは荒っぽいだんじり祭で有名な岸和田っ子だ。もちろん祭には必ず店を休みにしてはせ参じ「毎年、死にそうなりますわ」とうれしそうに笑う。水茄子はもちろん泉州岸和田お取り寄せの露地ものだ。

水茄子は金気を嫌うので包丁を使わずに手で裂くのが基本だ。欠かせないのが芥子で、ツンツンにきかせると涙の出るうまさだ。少し前に銀座のクラブでママさんが麗々しく「水茄子よ、取り寄せるのに苦労したわあ」と皿で出したが、きれいに包丁で薄切りされていて知らないんだなと思った。大阪や京都の市場では水漬けの袋売りもあって、買って帰るとなかなかうまい。

東京新宿ゴールデン街のような雰囲気の「門」は放送や出版、映画、マスコミ関係者の隠れたたまり場のようで、壁の落書きが面白い。品書きを見せろと言って出された半紙には「○月×日　女乳」とある。

「女乳……メニュー？　何じゃこのセンスは」

「すみません、岸和田じゃ普通で」と頭をかいた。

秋田「酒盃」の鯨と茄子の貝焼

前回、小鍋立てのことを書いたが、小鍋立ての王国が秋田だ。一年中「きゃふろ」という小さなコンロで大人は酒、子供はご飯をひとりひと鍋で食べる。出汁の出るホタテの貝殻を使うのが本式で、材料は何でもよく、簡単にはイカ塩辛に葱と大根おろしで一品に仕立てる。

秋田市の居酒屋「酒盃」の小鍋立ては、酒の肴で粋になる。〈鯨と茄子の貝焼《かやき》〉は飛騨コンロに乗せたホタテ貝殻で、塩鯨（鯨脂の塩漬）と茄子を、うすい味噌で煮る。

浅い貝殻にふつふつ煮えてきても、微妙にこぼれそうでこぼれない。縁に黒い皮のつく塩鯨は煮えると、見た目が茄子と変わらなくなる。

塩鯨と茄子はやはり出会いもので、鯨独特の出汁を茄子がよく吸い、通は鯨は残しても茄子は残さないとか。本来夏のスタミナ食で、昔は〈茄子貝焼〉と言ったが、塩鯨の値段が高騰して、茄子よりも鯨が名前の主役になったそうだ。

もう一つ季節物の〈白魚とじゅんさいの貝焼〉はしょっつる出汁に白と緑が美しく、ゆるくとじた玉子の黄色がからんでうつくしい。素朴簡単な一人鍋は豪華寄せ鍋などと違う風雅な野趣が味わいだ。

履物を脱いで上がる店内は、野武士の豪壮な山砦のようで、一階から屋根裏座敷の三階まで秋田杉の一本丸太柱が突き抜ける。ひんやりと黒光りする床板に投げ込みの野花がうつくしい。

剃髪作務衣の主人はカウンターで常連や旅行客の相手をする。秋も深まり始めた今は山のキノコがそろそろ採れる頃。温かい〈貝焼〉もよりおいしいだろう。

秋田「北洲」のいか鍋

小鍋立ての王国・秋田の小鍋をもう一つ。

一説には東北一と言われる繁華街、秋田・川反通り中ほどの古い木造二階家「北洲」は、入口にある、炉端のきりたんぽ鍋を世話する姉さんかぶりモンペ姿の素朴な絵がいい。入るとカウンター。奥の座敷がおすすめだ。窓の下は通りと並行する旭川で、向こう岸をいく人を見ながら一杯やる。

看板絵のとおり〈きりたんぽ鍋〉が看板だが、ひっそりとある〈いか鍋〉もなかなかいい。簡単で、イカとゲソを、胆ワタとサシビロという細い葱で煮る。イカの塩辛を加えるのが工夫だ。

イカ一杯を筒に切った胴とゲソがふつふつ煮えてくると、胆ワタの強烈な匂いがたちのぼり食べ頃だ。

ハフ、ハフ、ハフ。

食べ始めると矢も楯も止まらない気持ちになって、合間に冷たいビールをぐーっとやり、再び箸を。出汁のきいた汁を一口すくい、次第に食べやすい胴よりもゲソがおいしくなってくる。サシビロは最適の脇役と言うべきで、やはりこれも出会いの妙を誰かが発見したのだ。

有り体に言うとこれは「貧乏くさい味」が魅力だ。カニや鯛ばかりが美味ではない。人生を生きてきた中年男は貧乏の味を知っている。いや本当にうまいものとはこういうものなのだ、という思いがそくそくとわいて「秋田の情」が身にしみる。

冬を迎え、塩・麹・蒸し米を三・五・八の割合で漬けた三五八（さごはち）漬けの新物ハタハタも出ている頃だ。冬の秋田にぜひどうぞ。

盛岡「海ごはん　しまか」の紅葉漬

四年ごとに改訂版を出す小著『太田和彦の居酒屋味酒覧』の、来春刊行予定・第三版は、復興する東北に力を入れる。そのための見舞いをかねて続けている東北訪問も震災後三度目だ。今日は盛岡。

盛岡に長く続く島香魚店の娘さんが始めた居酒屋「海ごはん　しまか」は、中央通りに面した好立地に六月二〇日に開店。地震に盛岡市内は停電・物資不足程度ですんだが、宮古港など水産業の被害は深刻だ。毎朝仕入れる宮古直送の鮮魚を、売るだけでなく食べさせることで一層応援しようと出店を決意した。

小さな玄関で履物を脱いだ畳敷きが足裏に気持ちよい。床座りカウンター前には、バールのように大黒板に本日の品が書かれる。左に座卓、玄関脇に小部屋もある。カウンターには大きな金だらい二つに氷を盛ってぴかぴかの鮮魚がいっぱいだ。注文を一尾から捌いて出すのは、実家が魚屋だけに慣れたもの。その魚のいちばんおいしい食べ方も知っているはずだ。季節の魚「どんこ」を半身で焼いたのは、胆、味噌、葱、大葉を叩いてのせた〈ちゃんちゃん焼〉でこれはうまい。手伝う丸顔男性は酒担当で、日本酒を始めワインも充実してどこからでも来いの構え。

おすすめは秋に実家が作る、鮭とイクラの〈紅葉《こうよう》漬〉だ。魚のプロの手作りゆえ勘所はぴたりとおさえ、新鮮な鮭身にねっとりからむ濃厚なイクラは盃がすすむが、「白いごは〜ん」の声も出そうだ。

「心配しましたが、お客様が来てくれて」と言う若女将・真紀さんの顔が明るい。余談だけど真紀さんは腕相撲が強く、私は「公開試合」で負けました。

青森「ふく郎」のナマコ

冬来たりなばナマコの季節。あれ先週も同じ出だしだった。冬は旨い酒の肴がいっぱいだ。

「ナマコよ、ナマコ、ああ、そは何ゆえかくもおいらを魅了するのか」

下手なナマコ賛歌を奏でたいくらい冬のナマコは魅力だ。切って三杯酢に柚子皮と赤唐辛子。ぬらぬらと箸でつかみにくいのをにょろりと口に入れた独特の高貴な香り、エグ味。熱燗をひと口ふくんでさらにもう一箸。たまりませんなあ冬の夜、とこうなる。ナマコの命はぬらりとした感触の芯のコリコリと硬い噛み心地。歳を取り歯が弱くなってきて、おいらはいつまでナマコを食べられるのか心配だ。

青緑色の青ナマコ、赤茶色の赤ナマコの二種類あり、おもに関東では青、関西では赤を好むと言う。おいらは青派で穴のあいた白身断面に、窯変天目のごとき鮮やかな藍色が染まるのをもって最上とする。

ナマコ好きのおいらが日本一と断定するのが青森「ふく郎」のナマコだ。鮮度が命ゆえに入荷しない日もあるが、香り、じわりと歯が入る噛みごこち、フレッシュな味わいは、腕を組んで目をつぶり、嚙み嚙みしながらウンウンとうなずくこと確実だ。

このナマコの細く長い腸の塩辛が日本三大珍味の一つ「コノワタ」(あと二つは塩ウニ、カラスミ)。それを開いて三角形に干したものが酒呑み珍重の「コノコ」。ナマコの子だからナマコノコ、略してコノコ。これは腸、いや「超」高級。海を渡って中国では乾燥ナマコを珍重。

最初に食べた人は偉いといわれるグロテスクなナマコは、まさに海の宝石だ。

南紀白浜「長久酒場」のカラスミ

前回、日本三大珍味のコノワタにふれたが、あと二つは塩ウニとカラスミだ。

塩ウニは瓶詰めを買える。カラスミは最近自家製を出す料理屋が増えたけれどできはまったく千差万別。ある人からいただいた銀座の超高級寿司店の桐箱入りは、さぞかし値が張りそうだったが味はよくなかった。

おいらが自信をもって断定する日本一のカラスミは、和歌山県白浜「長久酒場」の自家製だ。なぜ断定できるかと言えば、全国で味わった結果でもあるが、長久酒場のは二十年以上毎冬、訪ねたり送ってもらったりして、つねに「これにかなうものなし」と毎回実感するからだ。

はるかな昔、初めて長久酒場を訪ねたとき、店主の浦辺トシヱさんが「今、カラスミに挑戦しているがなかなかうまくゆかない。地元の漁師さんによいボラを頼めるようになって、ようやくこれかなと言えるのができた」といただいたのが最初だ。ともかく新鮮な良いボラを手に入れ、卵巣を塩漬けしてガラス板に挟んで天日に干すが、天候との加減が難しいと言っていた。

そのカラスミはおよそ二十センチもある鮮やかなべっ甲色のじつに立派なもので、秘密はその湿潤加減にある。銀座の寿司店も各地の名産品店のも、共通して硬く、切ると白くひび割れるが、長久酒場のは粘りをもってしっとりと包丁が入り、乾ききらない凝縮された魚卵の旨味は比類がない。

年中無休（！）を続けて平成十六年に浦辺さんは七十九歳で亡くなられたが、今は孫の小森豊之さんが立派に続けている。

声を大にして言う。君、長久酒場のカラスミを食べずして死ぬなかれ！

南紀白浜「長久酒場」のウツボ

前回、日本一のカラスミを書いた長久酒場のもう一つの日本一〈ウツボの一夜干し〉を紹介したい。なぜ日本一か。それはここにしかないからだ。ウツボをよく食べるのは紀伊水道の両側、和歌山県、徳島県、それに高知県で、食べ方はおおむね炙ってタレに浸す「たたき」だ。

〈ウツボの一夜干し〉は十二月の今が製造期だ。長さおよそ一メートルはある巨大肉厚ウツボを開いて干し、冷凍しておく。切身を卓上ガス台で腹側から焼き、うすかった身に脂がにじんでくるとみるみる厚くふくらんで、縦にたたせて横も焼く。皮がパリッと焦げ目がついたら、砂糖醤油で食べる。初めてのとき砂糖醤油はいやだなと思ったが、ひと口で、あ、これはこれしかないと気づいた。焼き加減が大切でカウンターに置いたガス台で店の人が焼く。初めてのとき「コレもういいよね」と箸を出すと「まだだめ！」と亡くなったおかみさんにぴしゃりと手を叩かれた。

その味は「強靱」。

長ものは大体精があっておいしいが、鰻ほどだらしなくなく、穴子よりはみっちり詰まり、もっちりと粘る歯ごたえは一切れごとに精がついてゆくのがわかる。その証拠に一〇分もすると握った掌がむっちりとふくらんでくる。而して別名「セガレタチウオ」（意味わかりますね）。

大きな口にみっしり並ぶ鋭い歯、雑食、獰猛な性格のウツボは極めて危険で、海のギャングと言われる。それだけに（と言おうか）セガレも強靱になると思えば一石二鳥。カアチャンも喜ぶか。

鹿児島「味乃さつき」のつけあげ

さつまあげは誰でも好きですね。でも主役じゃない。人はよいがもっさりして、見てくれもどんくさい。まあ、メロドラマのヒーローにはなれませんな。

んが、鹿児島に行くとトップの主役になる。鹿児島では〈つけあげ〉と言って、お総菜屋も居酒屋もこれがない所はなく、手作りの味を競い合い「あそこが一番でごわす」と固定ファンがいる。

地元は揚げたてが常識だ。店頭でジャーと揚げてるのを「それ」と指さして買い、そのままかぶりつく。醬油なんかいらない。材料の吟味もさることながら、揚げたての油の香ばしさが命だ。おいらも立ち食い、居酒屋とあちこちで試し、結論が出た。トップは居酒屋「味乃さつき」だ。

「あらー、太田さーん、いらっしゃーい」

なんでも語尾を長く伸ばす、若いおかみさんの陽気なお迎えは、開放的な薩摩おごじょそのもの。

「つけあげね」

「わかってるわよー」

すぐさま奥で揚げにかかる。

「できたわよー」皿を捧げるように運んできたつけあげは手の平でにぎにぎした紡錘型。「トビウオ、ニラ、玉子、あとヒミツ、それと愛情よー、あっははは」と笑う味は、もっちりとやや甘く、魚の風味と揚げ油の香ばしさがたまらない。だいたいの人はたまらず即、お代わりしている。

これにぴたりと合うのが、言わずもがな焼酎。当店は今や人気で手に入らないという「三岳」一本槍だ。おいらが鹿児島に来たらまず直行はこの店だ。

富山「あら川」の昆布〆の昆布

刺身を昆布で巻いて寝かせた〈昆布〆〉は誰もが好きで、「おう、昆布〆ね」と相好をくずさせる。淡泊な白身魚が合い、京都は甘鯛、東京のヒラメ、キスあたりは寿司にも握る。

北海道の昆布を、昆布出汁が料理の基本の関西へ運ぶ北前船の主要寄港地であった富山は昆布〆王国だ。スーパーでは普通にパック入りを売り、真鯛、タラ、ミズダコ、フキまである。

富山駅近くの老舗居酒屋「あら川」は、富山昆布〆定番の、赤身のサス（カジキマグロ）のほか、タチウオ、深海魚ノロゲンゲ、バイ貝のワタ、鶏ささみなども試し、昆布〆は応用力のある調理法と思わせる。胸板厚い男盛りの店長は二代目。頑固だった先代父上は「昆布〆は最良の昆布で」とこだわり、中身をはずして糸を引くみごとな幅広昆布をぶらさげて見せた。

であればその使用済み昆布が気になる。先代は「出汁の終わったものは」と気にしていなかったようだが、今は刻んで添える。それでも余るのを二代目はさらっと素揚げして出し、パリパリに揚がった昆布は香り豊かにとてもおいしい。昆布〆した昆布でないとこうならないそうだ。

先代が捨てていた魚の胆や内臓にも注目して、それぞれに調理をほどこした〈珍味三点盛〉は格好の酒の肴だ。

エコの時代、というほどでもないが、おいしさを発見してゆくのは料理人の腕の見せ所だ。昆布〆で熱燗きゅー。冬の楽しみですなあ。

宇都宮「庄助」の柚餅子

柚餅子（ゆべし）をご存じか。味噌と鰹節を練り、中身をくりぬいた柚子釜に詰め、紐で巻いて何日も干す。ひと月ほどして黒く固くなったのを薄くスライスすると、柚子の香りが絶品の酒の肴になる。

宇都宮の「庄助」では、毎年秋に五十個ほど作り、店内の竹竿にぶらさげる。これが出ると客は安心し、「まだ早い」「右のあれはもういい」と品さだめ。数を数えて「いくつ減った」と言うそうだ。

ところが品書きにはなく、客が帰りそうになってそっと出すと「うまい、酒もう一本」となる。主人は「営業戦略」ととぼけているが、山国らしいのん気な話がいい。「桐の箱に入れれば高級珍味で売れる」と持ちかけたが「そんな立派なもんじゃない」と笑われたのがまたいい。

日本の居酒屋は魚豊富な海沿いに多いが山国も捨てたものではない。栃木のここは、肉じゃが、おから、かぼちゃ、里芋と油揚げ、高野豆腐と人参、などが大皿に湯気を上げ、できたての〈炒り豆腐〉はおかわりしたくなる名品だ。土地の名産はニラで、単純なニラお浸しに箸が止まらず、肉や魚よりもヘルシーは間違いない。

秋の楽しみは主人が毎年採りにゆく塩原のキノコだ。栃木では採りたてを折ると白い乳の出る〈乳茸〉というキノコを珍重し、キノコはみなそうだが、よい出汁が出て〈乳茸なす煮〉や〈キノコ鍋〉はこの地の大御馳走という。

山の温泉につかってコタツで柚餅子で一杯。長生きできますな。

京都「めなみ」のぐじかぶと焼

出張の夜の楽しみは旨い肴で一杯だ。

肝心なのは、その街の代表的な一番よいスポットを選ぶこと。変に穴場の寂しい店に入っては街を楽しめない。観光で結構。賑やかな、また華やかな街のそぞろ歩き。「街を楽しむこと」が大きな満足になる。

国際観光都市・京都となればいくつも名所があるけれど、祇園はちょっと敷居が高い。先斗町《ぽんとちょう》は店選びが難しい。新京極は修学旅行で行く所。京都に来たはよいが、さてどこに行く。

三条大橋のすぐ西。流れおだやかな高瀬川にかかる小さな石橋・三条小橋は京都らしさの交差点だ。たもとの柳、幕末志士の石碑、すき焼き「モリタ屋」など小料理屋が続く高瀬川沿いの木屋町通り三条は、手の届く範囲に京都らしさがいっぱいだ。その小割烹「めなみ」へ。

「こんちは」「おこしやす」

迎える若おかみは、つねに着物に古風な長白割烹着。うりざね顔にまとめた髪はきれいな艶。着物を誉めるのが京都の挨拶がわり。

「お召しもの、素敵ですね」「いやあ、お婆ちゃんの下がりどす」

めなみの創業は昭和十四年。今のおかみの祖母・川口なみさんが、女なので「めなみ」と名付けて始めた。

「私は、母におんぶされて店にいました」

店デビュー一歳？　年季が違う。白衣白帽の若い料理人の立つカウンター一つ、小上がり二卓のほどよい狭さ。白衣白帽の若い料理人の立つカウンターに座った。

「酒と、これとこれ」「はい」

物腰やわらかなおかみと違い、料理人は無駄口をきかない。指さした注文はカウンターに並ぶ大鉢のおばんざいだ。今や当たり前になったこのやり方を最初に始めたのがこの店という。

「それと、造りはヨコワ」「はい」

早速、ヨコワのサクに包丁を引く。

「どうぞ、おひとつ」

初めの一杯はおかみのお酌。

ツイー……。

ええですなあ、京都。と、こうなるわけです。

数年前改装した店内は、通って二十数年の常連設計士が手がけた。おかみの注文はただ一つ「めなみらしう願います」。その答えは白木の明るい数寄屋造り。オール白木といえども、板葺き、網代、葦簀《よしず》、檜皮《ひわだ》と変化をつけ、酒を愉しむ粋な雰囲気を作る。おかみが気に入ったのはカウンター端の小窓で、すぐそこに高瀬川、並木の桜、そぞろ歩くカップルがよく見える。

「二階もあるんどす」

へー、それは知らなかった。見せていただくと立派なお座敷。ここからの桜の花見が上席なのだそうだ。

もどってまた一杯。次は焼物。

「ぐじかぶと焼」「はい」

京都に来たら〈ぐじ〉甘鯛だ。若狭湾で揚がり、東京ではまず見ない。刺身もよいが、何と言ってもカマ（頭とエラ）のかぶと焼。「ぐじ、焼いて」と注文すると「カマもありますが」と返事あり、「それで」と答えれば「そうでしょう」という顔でうなずく。時間がかかり、数はないので早めの注文が肝心だ。骨が複雑なカマを焼くのは難しく、それゆえ焼方の腕の見せ所でもあり、ある店は客に背を向けてかかりきりになる。

そうして焼けた半身は、エラの下、目玉のまわりと、食べるのに技術が必要で、ひとたび箸を取れば二十分は専念。箸上手の私は、小骨大骨を片隅に重ね、最後に鯛の形をした中骨「鯛の鯛」をこれ見よがしに残し、「どうだ」という気持ちで「ごちそうさま」と差し出せば、にっこり笑う主人の顔、とこうなる（一人相撲です）。

ここの炭火焼き台はカウンターの目の前で、この仕事を見せようという意思を感じる。焼方はまだ若い修業中の女性。出番が来たと緊張して、炭をガシガシやる真剣なまなざしがいい。――さあお楽しみ。

（「日刊ゲンダイ」連載「あの店この一品」より／一九九九年）

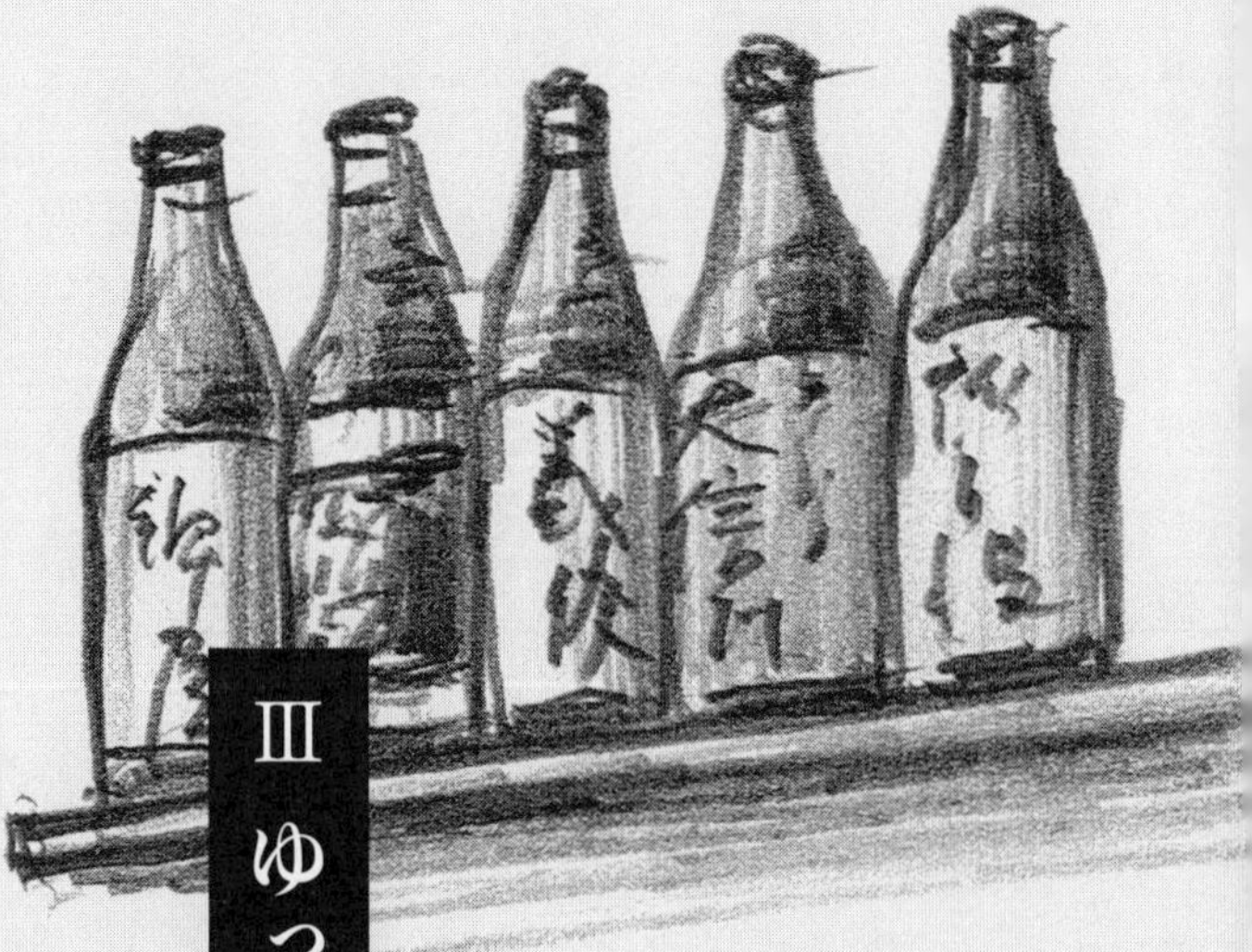

Ⅲ ゆっくり滞在、町歩き

上越高田から、日本海を新潟へ

1

冬の夕方五時前。信越本線・高田駅に降りるともう暗く、降りる人も少ない。駅近くのホテルに鞄を置き、教えられた居酒屋へ向かった。どこの地を訪ねてもまずその居酒屋に入り、土地の空気にひたるのが私の旅だ。

新潟上越市の高田には初めて来た。夜はきちんと暗くなり、人も少ないのが地方都市の良さ。駅前通りから右に入った仲通りは暗く、さあ旅に来たと歩く孤独感がいい。

通りにもれる灯は〈古本誠実買入〉とある「耕文堂書店」だ。〈植物図鑑等入荷しています〉の貼紙もある。棚にぎっしりの古書は学術文化などかたいものばかりで、奥に眼鏡の老店主が一人。夜おそくまでぽつりと開く古書店のある町か。

雪除けの雁木屋根が続く通り向かいの店灯りは「平八蒲鉾店《へいはちかまぼこ》」。蒲鉾専門店があるのは漁獲の多い証拠。蒲鉾は大好物、人恋しい気持ちもあってのぞき、種類の多さに驚いた。昆布巻はよく見るが、鮭をのせた鮭板、穴子をのせた穴子板、帆立貝の簀巻《すまき》帆立、椎茸煮を卵焼で巻いた錦芳巻《きんぼうまき》などは珍しい。白い身に黒い切れ端が点々とする〈きくらげ板〉を選び、さらに〈作り始めました〉と貼り紙のある〈たこもずく〉、「あ、これも」と〈メギス天〉も購入。メギスは〈ニギス＝似鱚〉とも言う鱚《きす》に似た日本海だけの魚だ。もうお土産も買ってしまった。

その先に、目指すその名も「雁木亭《がんぎてい》」があった。初めての地で居酒屋に入るときほど心おどるものはない。どっしりした店の奥に延びるカウンターに座った。

初めての居酒屋の楽しみは品書きから土地のものをさがすこと。

黒板に〈能生《のう》採ドロエビの塩焼・白エビの天ぷら〉、なるほど。〈能生採幻魚の干物〉は日本海だけの魚ゲンゲだな。〈直江津《なおえつ》産黒梅貝《くろばいがい》のうま煮〉〈上越産車ぶとみつ葉の玉子とじ〉もうまそうだ。〈上越特産きくらげ入り蒲鉾バター焼〉はさっきの平八のだろうか。野菜もとらなきゃ。〈旬・おけさ柿と無花果《いちじく》の白和え〉〈旬・長岡中之島産大レンコン〉〈旬・帛乙女《きぬおとめ》里芋コロッケ〉ね。

「こっちもどうぞ」

「え、まだあるの？」

本日の別ボードが置かれる。

「上越名物〈する天〉て何ですか？」

「ひと塩干しするめの天ぷらです」

「サメカツは？」

「サメのカツです」

それじゃワカラン。鮫を油で揚げたカツ？

よし、まずは。

「カワハギの胆和え、ボタンエビ正油漬、する天、白エビの天ぷら、それとこの椎茸」

目の前に盛られた特大椎茸が気になっていた。焦って大量に注文しすぎたかな。おっと、酒を忘れた。そちらのボードは新潟地酒がずらりと書かれ、東京あたりでは名の知れないものばかりなのが好ましい。まずはご当地高田の地酒からいこう。

「スキー正宗《まさむね》、お燗」

「かしこまりました」

注文の大業を終えてやれやれ。

〈カワハギの胆和え〉は胆でわかる超新鮮で量もある。〈ボタンエビ正油漬〉は緑の生若布《わかめ》の上に赤い頭を残してあらわにした下半身がセクシー。〈する天〉は嚙み心地と塩味がちょうどよく、直江津ではご飯のおかずなのだそうだ。〈白エビの天ぷら〉はかき揚げと思いきや一尾ずつ揚げた山盛りだ。

「酒の肴にはかき揚げよりも、つまめるこの方がいいと思いましてね」

頭に紺布、紺作務衣《さむえ》の若大将の言う通りだ。

「椎茸焼けました」

いかにも優しいお顔のお母さんの差し出す椎茸焼は、気に入ったものしか出荷しない頑固な秋山農園の産で「昨日その人来たのよ」と笑う。

そして酒。「スキー正宗　入魂」は、おだやかな旨味がいかにも日本酒を飲んでいる満足感がある。「これは旨い酒だね」と盃を上げると、カウンター端に座っていた紳士が「ありがとうございます」と声をかけた。なんとスキー正宗のご長男で、ご自身は新潟酒を海外に紹介する仕事をされ、蔵は弟が継いでいるとか。「スキマサはうまいんですよ」と若大将も相づちを打つ。高田ではスキマサで通るそうだ。地酒、地の肴をきちんと出す、これはよい店だ。

額に飾る、地元のイラストレーター・ひぐちきみよさんに、当店先代がウチのあたりを描いてほしいと頼んだという、夜の雁木の町を描いたイラストがじつにすばらしい。店のお母さん、息子さん、家族のようなスタッフの温かな雰囲気が町の絵からも感じ取れる。雪に埋まるからこそ人の温かさがよくわかるのか。お母さんに高田の人柄を尋ねるとしばらく考え「おだやかですね、あまり争わない」ともらす。長く雪に閉じこめられていれば、あくせくしても始まらないのだろう。高田っていい町だな。

今来て私のひとつ隣に座った男客に、地元の人は何を注文するかとそっと見ていると、即座に「吟田川と白子ぽん酢」。ではと真似して「吟田川、お燗」、正しくは「ちびたがわ」と言うそうでカワイイ。味はやや硬派。その人は「アルコールのほうをやってまして」と醸造学が専門だそうで、スキー正宗の方と「新潟県醸造試験場のカネオケ先生、ああよく知ってます」と話がはずんでいる。

次の一本は若大将におすすめを聞いてみよう。差し出した「越《こし》の若竹」はしなやかに上品で普通酒とはとても思えない。最近私は派手な吟醸や重厚すぎる古酒にはあき、おだやかに何杯も重ねられる晩酌酒が好きになった。スキー正宗、吟田川、越の若竹はいずれもぴたり。新潟酒の本当の底力を知る気持ちだ。

さて、〆は貼紙の惹句〈嬉しいに付け、悲しいに付け、高田ののっぺ〉が大いに気に入った〈のっぺ〉。里芋、銀杏、椎茸、人参、牛蒡、竹輪など、かすかなトロ味のついたお椀は「お母さ〜ん」と叫びたくなる名品。もう明日東京に帰ってもいいや。

2

翌朝高田の町を歩いた。

昨日おりた高田駅舎は、重厚な瓦屋根の左右に尖塔の物見櫓《やぐら》を建て、瓦屋根はそのまま駅前広場を両側にまわって商店街アーケードの屋根になってどこまでも続き、要所に物見櫓を繰り返す、高田城と雁木をイメージしたまことに壮大なものだ。

商店街のあちこちに「川渡餅《かわたりもち》」の旗が立っている。上杉謙信・武田信玄の川中島決戦前夜、謙信が兵に配った餅で、その戦勝以来、毎年十一月三十日と十二月一日に限って作り、かつては小学生が「かわたりもち、やーいやい」と売り歩き、今は宣伝カーが町を流している。偶然その日に来ていたとは縁起がよい。和菓子店はたいへん多く城下町らしい。こしあんと粒あん、私はこしあんを買った。

それからスキー正宗の蔵元、武蔵野酒造を訪ねた。

「昨日、お兄さんにお会いしました」

「あ、そうですか」

笑うのは社長の小林元《はじめ》さんだ。玄関に飾る、古いラベルを拡大した、遠くアルプスを望む雪山の風景に、清酒独特の髭《ひげ》文字ロゴを雪の結晶の形で囲んで入れた図柄は、ヨーロッパ風と日本風が入りまじって素敵だ。昔「居酒屋研究会」で好きな日本酒ネーミングのアンケートを試み、酒の伝統名「正宗」に片仮名で「スキー」をのせたお茶目さがいいとスキー正宗は人気があった。そんな話に社長さんは破顔一笑。日本に初めてスキーが紹介されたのは高田で、スキーによる町おこしに役立てようと、それまでの「越山正宗」を「スキー正宗」に変えたそうだ。

今は寒仕込みの時期だが、今日はたまたま休日で蔵内を案内していただいた。高い木立のある敷地は相当広く、今は使っていない場所もそのまま放置とはおっとりしている。昔の大きな仕込み木桶の半月形の桶蓋がいくつか重なって放置され「居酒屋の机や装飾に使える」と言うと実際運んだ人がいるが、「店内に入れるとあまりに大きく、もてあました」と言ってきたと笑う。

敷地奥の立派な屋敷「楽酔亭《らくすいてい》」は、高田出身の文化勲章受章者で日本酒の権威・坂口謹一郎が命名し揮毫《きごう》した。氏は毎年ここでその年の酒の出来をみるのを楽しみにしていたという。大広間には、おお、先ほどの大桶蓋が卓になって並ぶ。丸い側に四、五人座り、直線側に主人が座って相手をするとちょうどよく、二つ合わせると巨大な丸テーブルになる。

「太田さん、今夜ここで一杯いかがです？」

「うーん、そうするかな～」

帰るときに一つおねだり。オレンジのウエアに赤いパンツでスキーヤーが颯爽《さっそう》と滑るスキー正宗復刻版ボトルのラベルを一枚いただいた。家に帰って額に飾ろう。

横筋に入っても家並ある限りどこまでも続く雁木の下を歩いていると、町全体が一つの家のような安心感がある。大雪に〈この下に高田あり〉の高札が立ったほどの冬に生活通路を確保するため設けた庇屋根《ひさし》「雁木」は、いわゆる公共アーケードとは異なる個人家屋の一部で、人々がお互いに私有地を提供しあう「助け合い」の精神だ。「高田の人はおだやか」と聞いた言葉も、雁木がつなぐ連帯感ではないだろうか。一軒だけそれをしなければ交通できなくなるため「争わない」知恵もわくのだろう。


寛永年間創業・国登録有形文化財の老舗飴屋「髙橋孫左衛門商店」の、金網に切文字を貼った「粟飴《あわあめ》翁飴《おきなあめ》本舗」の左右六メートルはある立派な大看板を、看板愛好家の私はしばし観賞。

文化十一年、江戸の戯作者・十返舎一九《じっぺんしゃいっく》は当店に五日間も滞在し、道中記『金《かね》の草鞋《わらじ》』に〈粟にて製したる水飴至て上品にて風味よく此処の名物なり　評判は高田の町にて年を経て豊かに住（澄）める水飴の店〉と書いた。絵草紙には当時の店頭風景が描かれて賑わいがよくわかる。

また夏目漱石は名作『坊ちゃん』に〈清が越後の笹飴を笹ぐるみむしゃむしゃ食って居る。笹は毒だからよしたらよからうと云ふと、いえ此の笹が御薬で御座いますと云って旨さうに食って居る。〉と書いた。

菊花を唐草風連続模様にした木彫が囲む製品棚などの風格ある店内、歴史を展示した二階座敷も見ごたえがある。粟飴と笹飴をお土産に購入。

明治四十一年創業の「小熊写真館」は高田一のハイカラな建物と言われ、愛知県犬山市の博物館明治村に保存されており、時計台のある今の建物も現役写真館だ。ここを一躍有名にしたのが創業先代の撮影した、陸軍歩兵連隊のスキー指導に来日したオーストリアのレルヒ少佐の雪上写真だ。スキーは当時最先端のスポーツとして大正十四年にはスキー民謡が誕生。踊り、人形、菓子にもなる人気で、スキー板製造、スキー倶楽部など高田の重要な振興になった。豪雪はスキー文化を発祥させたのだ。

明治四十四年に建てられた芝居小屋「高田座」は、大正五年から常設映画館「世界館」となり現役を続けている日本最古の映画館で、私もそうだが映画ファンの「聖地」だ。舘内は客席を囲む丸柱が、優雅に手すりのカーブする二階席を支え、木組み格天井の中央には大きな源氏車の装飾浮き彫りがある。支配人の上野さんは目の澄んだ若者だ。

「一人ではたいへんでしょう」

「いえ、手伝ってくれるボランティアスタッフが十人いまして」

内容楽しい『高田世界館新聞』の発行や舘内の番組解説など、ここを愛する人がいるのがうれしい。映画館のある町は必ずよい町だ。昨年のクリスマスイブの夜は歌って踊るインド映画『ムトゥ踊るマハラジャ』の一日限定上映で、歓声紙吹雪自由というセンスもいい。私はここで映画を観たい！「必ず来ます」と彼の手を握った。

町歩きの最後に高田城を訪ねた。タクシー運転手が「知ってますか？　高田の信号機は縦なんです」と言うとおり上から赤黄青。上に雪が積もらない対策とか。北国の天候は変わりやすく、晴れているのに小雪が舞ったり、曇天がすぐに青空と一定しない。

松平忠輝《まつだいらただてる》公七十五万石の城下町。城外堀端の三重櫓は優美にして頑丈だ。日本郵便の父・前島密《まえじまひそか》、文化勲章の日本画家・小林古径《こばやしこけい》、日本のアンデルセン・小川未明《みめい》を生んだ高田。手にしたガイド「高田まちなみ歴史散歩」はとてもよくできており、イラスト付きの解説に建物好きの私は見たいところがまだたくさんある。しかし今から新潟にいかねばならない。

高田は、小学校教科書に載っていた豪雪の雁木写真の、綿入れに蓑笠《みのかさ》の子供が歩いているくらいの知識しかなかった私は、その雁木が大きな家族のように町の一体感とおだやかな気質を作っていることを知った。またぜひ来よう。

3

新潟に北上する特急「しらゆき」から左に見る海はやや荒れ模様に白波がたつ。車窓から見る日本海が好きだ。直江津、柏崎、出雲崎……。小港、無人の浜、切りたつ断崖、トンネルなど変化に富んだ海岸線は見あきない。

ひろげた駅弁、直江津名物「鱈めし」は煮しめた鱈に、軽くあぶったタラコもついておいしく、赤く可愛い重箱は持ち帰って使おう。デザートは高田で買った川渡餅。絹のようにきめ細かくやわらかいお餅はこんなにおいしいのに一年一回しか作らないのも、城下町の矜持か。食べ終えて見る風景は晴れや曇りが絶え間なく変わる。

新潟には会いたい人がいる。三十年も前に訪ねた「早福《そうふく》酒食品店」の早福さん夫妻だ。そのときが初対面なのにすぐに新潟酒いろいろを試飲させてもらい、さらに「昼飯食べてくろ」と二階座敷で奥様手製の〈のっぺ〉をご馳走になった。そこで知った名酒「鶴の友」は以来私の座右の晩酌酒になる。またのちに取材で訪ねて古町《ふるまち》のお茶屋「みやこ」に招かれ宴席で芸を鑑賞。私も調子にのって芸妓《げいぎ》さんと「米山甚句」を踊ったりした。正直で気っぷのよい早福さんは絶大な信用があり、その客として特別扱いされているのを感じた。酒や居酒屋の本を書くようになった最初の出会いが早福さんだったことは私に健全な酒観を作った、まさに恩人だ。

「おそくなりました、先日はお世話になりました」

「おお来た、まあまあ座るろ」

待ち合わせた古町の割烹「久本」のカウンターにはすでにご夫妻が。二週間前、東京にオペラ鑑賞に来られていた際、ホテルオークラでご馳走になったばかりだ。

我々の前でにこにこする着物の女将・美樹姐《ねえ》さんは現役のベテラン芸者で今もお座敷に上がる。テレビ番組に出ていただいたときは貫録でスタッフを圧倒した。「いい組み合わせじゃない」と言うとおり、この席で早福さんとご一緒するのは夢だった。

「さあ何しましょ」

「オレは美樹にまかすわ、太田さんは適当に注文するろ」

「いらっしゃい」と奥から出てきたのは顔見知りのベテラン花板。今日は活きたイカがあるとスチロールの箱を開けるとぴょんぴょんと飛び出す。ではそれあたりから。

私の注文はただ一つ。

「酒、鶴の友、お燗」


早福さんは十年ほど前に店を息子さんにゆずって引退し、今はオペラ好きの奥様と本場ウィーンを何度も訪ねるなど、うらやましい生活だ。しかし六十年前、澄子さんが嫁いだときは、酒は灘全盛の時代。岩男《いわお》さんはそれに抗し「新潟の本当にうまい酒を売る」と苦闘中で、「四十歳まで休みはないよ」と言われたが、そういうものだと従業員もいる大家族を懸命に支えてきた。やがて早福酒食品店は数々のブランド酒を生み出し、全国に新潟地酒ブームを巻きおこして地酒王国新潟の名を不動にした。

岩男さんは引退を機に飲酒は控えているそうだが、今日は「一杯飲んでみるろ」と「鶴の友」を口に。「シュルシュルシュル……」と口の中でころがすのがプロの作法。

「うん、変わらねな、いい」とうなずく。「お化粧した酒はダメ、すぐ化けの皮がはがれる」が口癖で、盃に「ちょっとこれに水足して」と言って私に飲ませた。

「まったく調子が変わらないですね」

「そう、本当に力のある酒はこう」

試した美樹姐さんもへえと感心し、「長い時間飲まなくちゃいけないときはいいわ」とうなずく。やがてお料理が並び始めた。

初めての高田、何度も来ている新潟を巡る旅は新鮮だった。雁木亭のお母さん、息子。スキー正宗の兄弟、熱心に説明してくれた老舗飴屋の主人、小熊写真館のおだやかな三代目、日本最古の映画館を守る青年。そしてもちろん早福さん夫妻、美樹姐さん。最初の夜聞いた「おだやかな人柄」は皆さんに共通していた。しかしその奥には自らの使命をしっかり守る強さが感じられた。買って帰った「きくらげ板」は蒲鉾の種そのものがおいしく、「粟飴」は透明感がきれいに澄んでいた。

——国境のトンネルを抜けると雪国だった。そこには温かい人々、豊かな文化、すばらしい酒と肴があった。

（『新潟発R』二〇一七年／春号）

私の新潟酒遍歴

〝酒は新潟〟は日本中に知れわたっている。私が初めて新潟に酒を飲みに行ったのは、およそ三十年前の「居酒屋研究会」だ。

当時は「本物の日本酒は淡麗を特徴とし、それは地方の小さな蔵で造られている」という地酒ブームが澎湃《ほうはい》とおきた頃、その象徴が新潟の「越乃寒梅」だった。わが居酒屋研究会はそれでは新潟に行ってみようとなった。

そして訪ねたのが「早福酒食品店」の早福岩男さんだ。早福さんは日本酒といえば灘の大手がブランドとされていた頃、誰も目を向けなかった県下の小さな地酒蔵をこつこつと訪ね歩き、そこで知った良酒を「わしが全部買うからよい酒を造れ」と世に出すことを続けていた。しかしなかなか迎え入れられず、自らの田畑も手放す苦しい商売が三十年にもなったころ忽然と地酒ブームがおき、推奨していた「越乃寒梅」「八海山」「久保田」「〆張鶴《しめはりつる》」「萬寿鏡《ますかがみ》」「千代の光」「緑川」「鶴の友」などは初めて全国に名が知られ、やがて地酒の代表ブランドになった。早福さんの長い努力が、名実ともに新潟を地酒王国とさせた。

訪ねた我々は次々に試飲させていただき、新潟酒の神髄を舌にしみ込ませた。そして「わしの新潟弁わかるかね、わははは」と笑う気さくな人柄、さらに優しい奥様の手料理〈のっぺ〉にすっかり新潟ファンになった。

＊

それからおよそ十年後。長岡の居酒屋「魚仙《うおせん》」主人の板谷敏夫《いたやとしお》さんから興味深い話を聞いた。

地酒ブームで新潟酒は全国に知れ渡ったが、以降「淡麗辛口」に甘えてすっかりマンネリ化し、「淡麗無口」と悪口を言う人も出てきた。一方、山形の若い蔵元杜氏の造った「十四代」が大ヒット。日本酒の好みは「濃醇旨口」に変わる。その成功を機に各地の新世代杜氏の思い切った取り組みによる名酒が次々に誕生、日本酒は第二次黄金時代を迎え、いつしか新潟酒は酒好きの話題にのぼらなくなった。

板谷さんはそれを悔しく思い、改めて県下の小さな蔵をまわり、わずか二五〇石の小蔵「越の若竹」の上越酒造に依頼して自分の思う酒を仕込み、名を昔の電話番号「壱参壱弐《いちさんいちに》」とした。その味は淡麗を残して深い旨味があり、後口きれいなすばらしいもので、先頃、上越高田で入った「雁木亭」でも自信をもって奨められた。

今「鶴齢《かくれい》」「村祐《むらゆう》」「真稜《しんりょう》」「真野鶴」、弱冠二十五歳の杜氏と荷札ラベルで人気となった「加茂錦」など、新潟酒は新しい進化をみせて再び隆盛している。板谷さんの作った、新潟のすべての蔵を頸城《くびき》・刈羽《かりわ》・越路《こしじ》・野積《のづみ》の越後四大杜氏に分けて詳細に解説した労作番付表は、例えば「鶴の友」は〈昔ながらの手法からさらりとした端正な味わい。含み香ほのか、後口に余分な味が残らないキレのよさ。おかんをつけたらピカイチ〉と名文が続く。

魚仙には新潟酒を生かす名肴がそろっている。第一のおすすめは、なめろう好きの私が〝キング・オブ・なめろう〟と呼ぶ、日本海の冬の帝王ブリを、葱、生姜、にんにく味噌でたたくブリなめろうだ。青魚のあっさりとは格が違い、これには腰の強い酒がいい。

新潟栃尾の油揚は名高いが、板谷さんが、山のような薪をぼんぼん焚いて油を熱し、表裏とも二十分かけて揚げる地元の小さな油揚屋に「もうほれ込んじゃいまして」と出しているのはパリッと軽く、大豆の香りがきれいに立つ〈天使の油揚〉だ。

また毎年ひらく新潟酒すべてを集めた「酔法師《よろぼし》の会」は全国から来る日本酒好き六〇余人が「一人平均二升飲む」という豪快なもので、何百本の一升瓶を二階に上げて並べるだけでも大仕事と笑う。

「太田先生もぜひ来てください」

「う〜ん、来たい」

何度も訪ねている「魚仙」。まさに新潟酒愛ここにあり。

＊

今回は佐渡に渡り、「真野鶴」をつくる明治二十五年創業「尾畑酒造」を訪ねる。

五代目の尾畑留美子《おばたるみこ》さんはかつて洋画配給会社に勤め、海外の華やかな映画界にいたが、地元で地に足のついた仕事をしたいと蔵を継ぐと決めた。その知的美貌にアガッてしまいながら試飲した「超辛口」は辛さに甘味がひそみ、「万穂《まほ》」は上品な透明感が不老長寿を感じさせた。佐渡酒の特徴をうかがうと、大きな島・佐渡には東西南北五つの酒蔵があり、それぞれ個性が違うのが特徴と聞き、地域に根ざす新潟酒の奥の深さを知る。海岸の小高い丘の旧小学校舎を保存のため「学校蔵」に転用して様々な活動を続けていることに、尾畑さんの酒造りによる地域貢献を感じた。

もちろん居酒屋も訪ねた。両津港の「伊麻里《いまり》」は、冬の林業に使う大轌《おおぞり》や古民具を保存する雄大な一角にカウンターがある。佐渡「金鶴《きんつる》」の「天の夕鶴」は澄んだ味。私と同じ歳のおかみさんの〈フグ煮魚〉は一本筒切りで、両津はフグがよく揚がるそうだ。

もう一軒、住宅地にぽつりと灯をともす居酒屋「伝《でん》」に。一杯傾けながら、店の外に向けたガラスウインドに飾る九谷などの大皿や酒器を誉めると、公務員だった父が、東京赤坂で板前修業中の息子が帰ってきたら使えるようにと集めておいてくれたものだそうだ。帰ってきた息子は東京の美人嫁を連れてきて歓迎された。嫁が初めての雪かきをちりとりでしていたら、近所の人が「そんなんじゃだめ」とスコップを渡してくれた、佐渡が大好きですと言う笑顔がいい。佐渡は豊かな食文化があるけれど漁が一定しないのが悩み、しかし常に何でも手に入る築地より面白いと若主人が言う。佐渡地酒「真稜」が旨い。新潟はどこにも地酒があり、それは土地にしっかり根づいている。佐渡にもなじみの居酒屋ができた。

＊

翌朝の船で新潟に戻った。急ぎ足ではしごしよう。

串刺しの魚を露天で焼いている「人情横丁」にある居酒屋「案山子《かかし》」は昼から飲めるのがありがたい。出張族もよく来るため新潟代表酒が並ぶ中、「これは従来の新潟酒とちょっとタイプが違います」と言う「村祐」はその通り甘酸のバランスよく、「鶴齢」と人気を二分する。新潟は茄子の種類が多く、小さな「十全なす」は漬けて芥子（からし）で、大型「焼きなす」は名の通り焼くと、とろとろにうまい。背に新潟酒全ブランドのロゴを並べたTシャツの主人は、新潟人を「豊かな食材が育んだ、おだやかな気質」、さらに「美人もいますし」と笑う。

酒の肴や珍味で名高い「加島屋《かしまや》」に近い居酒屋「こばちゃん」は、至って平凡な店構えながら、古町の料亭で十八年修業した腕の持ち主。それを凝った料理ではなく普通の居酒屋メニュー、例えば〈鰯のぬたあえ〉に生かしているのがいい。こばちゃん＝小林さんは佐渡の出身で今もしょっちゅう帰省。佐渡の美味を紹介したいという「佐渡愛」がいい。「昨日行ってたよ、いい所」と言う私に破顔一笑。佐渡名酒「金鶴」純米吟醸生はすっきりした甘味で、佐渡沖でとれた〈いか丸干し〉にぴったりだった。

日本三大花街《かがい》のひとつ「古町」こそ私の根城。幕末創業、登録文化財の「鍋茶屋《なべぢゃや》」をはじめ、石畳に水打ちされた花柳界のしっとりした雰囲気は「柳都《りゅうと》」とよばれた新潟の誇る文化。お茶屋「みやこ」は早福さんに招いていただいたのが思い出だ。

その町にもニューウェイブあり。「ふじ村」は古い黒板壁蔵に、玄関は大谷石の四角な切石をゲートのように組んだモダンな設計。店内も天井高い蔵造りはそのままに長いカウンターをバー風にしつらえる。中に立つ同じシャツの女性二人は姉妹に見えて母娘。そのやわらかな雰囲気が今の古町のおもてなしか。〈アボカドとまぐろのサラダ風〉で飲む本命「千代の光」の、やわらかく安定した味。娘さんの大好物は新潟名産の食用菊〈かきのもと〉で、丼いっぱい食べると聞いて笑った。

*

最後は酒亭「久本」。新潟に来てここに寄らないことはない。

「こんちは」

「あら太田さん、いらっしゃい」

胸前でぴしゃりと手を叩く、地味派手着物が板についた新潟芸妓の大女将・美樹姐さんとは今や相思相愛、もとい片思い。聞いて奥から顔を出すベテラン板さん二人もおなじみだ。ゆるく折れたカウンター、卓席、二階広間には「こんばんは」と挨拶して若い芸者さん二人が上がってゆく。

お座敷で鍛えられ洗練された料理の中に、私の不動の注文は、生の鰯をぬか漬けした〈ぬかいわし〉、酒は「鶴の友」。そのお燗を酌されていただき、そしてご返盃するときこそ新潟に来た実感がわく。

少し前、ここにご一緒した早福酒食品店の早福さんは花街古町の文化を海外に紹介し、またDVDに残すなど支援し続け、古町芸妓で知らぬ人のない大旦那、美樹姐さんとももちろん肝胆《かんたん》の仲だ。そのときカウンターで鶴の友をふくんだ早福さんは「日本酒の好みはいろいろ変わる、しかしよいものは必ず残る、消費者のべろは確かだね」とつぶやき、私は長年の新潟酒遍歴の答を得た思いがした。

それは新潟が名酒の地と言われるようになった物語だ。当時は「桶買い」と言って灘の大手メーカーに桶ごと買い取られて他と混合され、そこのブランドで売られるのが地方の小さな蔵の姿だったのを、早福さんが「自分たちの酒は自分の名で売れ、造る酒に誇りを持て」と叱咤応援した成果だ。

新潟酒は新潟の誇りとなったのだ。

（『新潟発R』二〇二〇年／夏号）

日本一行くべき居酒屋は、益田にあり

日本海に臨む山陰の益田は島根県の西端、すぐ隣は山口県だ。

駅前の通りを越し、山に向かってくねる道は人里はなれて右は山、左は崖下に数軒の民家があるばかりで、こんな人里離れてゆく所に居酒屋があるのかとしだいに心細くなってくる。道路ミラーに「ありますよ」というように立て掛けられた「田吾作」の看板を左に折れると、大きなため池の前に巨大な木造切妻屋根の大館がでんと腰を据え、誰もが「あったー」としばし眺める。暖簾のかかる玄関まわりは鉢植や水瓶が無造作に置かれ、十字の丸竹に野良着の案山子が出迎えだ。

玄関は道に面するが二階で、芒《すすき》を投げ活けた巨大鉢、由緒あり気な木株や木彫が無造作に置かれる。履物を脱いで上がる板の間は広く、番号扉の下足箱がずらり。広い階段をおりる右下にはいくつもの活魚水槽が水音をたてて並び、おりた一階が店だ。

「おひさしぶりです」

「ああ、太田さん、いらっしゃい」

頭に手拭い、黒Tシャツに腰タオル、丸い眼鏡を鼻にのせた店主・岩崎治代《はるよ》さんはいつものようにさりげないお迎え。大館の剛直な梁天井の下、広い配膳場には薬草酒や大皿が並び、自在鉤《じざいかぎ》が下がる。大小八つの客部屋の荒壁は藁切り込み。その板戸障子は人間国宝だった出雲の紙漉き師による繊維の粗い石州《せきしゅう》和紙で、破れが張り重ねられる。屋内床はすべて板張りでスリッパもなく、素足で歩く足裏のなんと気持ちよいことか。広大な古民家をのびのびと使ったスケール感が圧倒する。

私の定席は階段をおりたすぐ左の四席ほどの小カウンターだ。目の前は煙突のへっつい、五升炊きの羽釜、重なる七輪、大型ガス台六つすべてに火が入り、ぶくぶく泡を吹く鍋など、一昔前の大農家の広大な炊事場そのままを見て一杯やる最上席だ。

さて注文。

「イカね。そのあと、鮎」これを求めて山陰までやってきた。

二十歳から母の手伝いを始めた岩崎さんは今年で五十四年め、ここに移ってからは三十年。料理の師匠はなく、「腕がないから、そのぶん素材だけは」の思いが魚を生け簀で活かして出すことに結集した。

最も難しかったのはイカ。イカを生け捕るには、まず水深十メートルのイカ棲息域の海水を船に汲んでおくが、岩崎さんはその汲んだ海水を酸素でぐるぐるまわすためのエアーポンプをいくつも船に提供した。そうした万全の水対策でとったイカを、毎朝港にトラックを運転して取りにいく。荷台のタンクの一つはイカを泳がせ、もう一つは海水だけを満タンに運び、一刻もはやく店の水槽に放つ。イカと、その棲息域の海水は瞬時もはなれることがない。

運ばれたイカ用の水槽は丸く「完全透明」なイカが同じ方向にぐるぐるまわり泳ぎ、注文ごとに網で掬《すく》われると即座にスイスイと切られて氷に並ぶ。その透明な甘味はイカの概念が変わる。イカの活き造りは佐賀県呼子が有名だが、今は岩崎さんも通う須佐港に、呼子からの大型トラックが何台も仕入れに来るそうだ。

海の魚の次に取り組んだのが「日本一の清流・高津川」の「日本一の鮎」だ。こちらは水が違う。淡水に混ぜる「海水の名水」をあちこちにさがし、比率をさだめるのに三年かかった。後に魚の塩分濃度を測る器具で鮎を測定するとピタリ一致したそうだ。その鮎を生きているからできる食べ方〝背ごし〟に骨ごと切る。その味わいは「高貴」。採れた赤い内臓に塩をぱらりとしただけの〝活うるか〟は、かつて編集者仲間とここにツアーしたとき一人（新潮社さんです）が泣き出した逸品だ。

時季によりタイ、カワハギ、イサキ、アカミズ、クエ、オコゼなどが泳ぎ、刺身、焼魚、煮魚と自由自在。必ず一尾をおろすので、内臓は煮たり、頭は焼いたり、骨はせんべいにしたりとまったく無駄がない。さらに野菜も隣りの畑で育て、注文すると採りに出て、カウンターの笊《ざる》のミニトマトはつまみ放題。

まさに〝食べる〟とは、ここまで生きてきた〝命〟をいただくこと。ぴちぴち跳ねた魚が数分後にならぶ皿には、誰もが手を合わす。

＊

島根地酒がそろう中から奨められたのは、益田の「金吉屋《かねよしや》商店」若店主が、地元の六つの蔵に声をかけ、純米吟醸の枠で選んだ六酒をブレンドした新製品。時期にかんがみ悪病を退治する石見神楽《いわみかぐら》の演目から「鐘馗《しょうき》」と名をつけた。どんな味になるか不安だったともらすが、それぞれの個性がうまく調和して日々の晩酌に最適と感じる。何よりもこれほどの活魚にあまり強い個性の酒は敬遠なので、ちょうどよい。

仕事一途で結婚を忘れたと笑う岩崎さんを妹さんが手伝い、その息子・志田原耕《こう》さんが板前に立つ。岩崎さんを見て育った耕さんは、小学校卒業文集の将来の夢に「田吾作で働く」と書いたそうだ。夢を実行したその人柄、知識、もちろん腕もまことに好漢で、店に弾みを生んでいる。

広島からしょっちゅう来ているというご夫婦は、今日の目当ては鮎にツガニと満足そうだ。ざるいっぱいの古い盃は、益田は旧家が多く、蔵を整理するのでもらってくれというのがたまった。

カウンター板は、カウンターだけだった二番目の店から四番目のここまでずっと一緒という〝分身〟だ。材はカツラで、工務店の人に教わって購入。仕上げてもらうと、材を売った人が売ってくれと言ってきたそうだ。カツラは硬すぎず柔らかすぎず、酒器をしっとりと吸着するという。そう聞いてなんども撫でる掌への当たりが優しい。

治代さんが席を外したとき、耕さんに尋ねた。

「伯母さんをここまでがんばらせたものは何でしょうか」

包丁をおいてしばらく考え、答えた。

「女一人できりもりしているとき、女の刺身なんか食えるかと暴言する客もいた。ならばその魚で勝負しようと決心した強さでしょう」

益田は一泊覚悟の遠い所だ。しかしそこには、日本中のどこにもないやり方で悠々と仕事を続ける居酒屋がある。まさに日本一、訪ねる価値のある居酒屋だ。

（『ｄａｎｃｙｕ』二〇二〇年／十一月号）

すばらしき鹿児島芋焼酎

私が芋焼酎の旨さを初めて知ったのは、十五年ほど前、雑誌取材で訪れた鹿児島だ。酒屋の棚に貼られた小さな新聞記事「弱冠二十五歳の杜氏」に目をひかれ、試飲させてもらい、それまでの土臭い焼酎とは違う洗練された味に驚いた。それが数年のちに一大焼酎ブームをおこす西酒造・西陽一郎さんの「富乃宝山」仕込み第一号だった。西さんは東京農大醸造科で、一年先輩の高木顕統《たかぎあきつな》さんと「おれは日本酒で天下を取る、おまえは焼酎で天下を取れ」と語り合った仲だ。高木さんはあの「十四代」で日本酒に旋風を起こした人だ。

「富乃宝山」で火がついた焼酎ブームは、かつての日本酒地酒ブームの「越乃寒梅」のように、古い地酒「森伊蔵」「伊佐美」を幻のブランド化して九州から北上し、およそ三年で北海道まで行き着き、日本の居酒屋に一大革新をもたらした。今や焼酎は安酒イメージを完全に脱皮し、消費量は日本酒をしのぐまでになっている。日本は醸造酒（日本酒）と蒸留酒（焼酎）の二つを国酒としてもつ珍しい国だ。この五年間は、焼酎が国酒として正当な地位を得た歴史的なときであったと言えよう。

そのブームも一段落したいま、本場ではどう飲まれているかを探りに鹿児島を訪ね、およそのことがわかった。

鹿児島の居酒屋はもちろん焼酎一辺倒だが、「三岳」「黒伊佐錦」「島美人」が銘柄ご三家で、このうちのどれかがあればＯＫ。いずれもおだやかな飲み口、さつまいもらしいほんわりした甘い香りが特徴だ。私のなじみの居酒屋「味乃さつき」「屋久島」は「三岳」。今回初めて入り、たいへん気に入った「菜菜かまど」も「三岳」と「八幡」だった。

地元の人はブランドにはほとんどこだわらないが、焼酎の全日本的ブームにより、自分たちしか飲まないと思っていた酒に自信を持ち、そうか、焼酎にもいろいろあるなら知らない銘柄も飲んでみようか、くらいの影響という。一方若い人は、雑誌で紹介される東京あたりの店に影響され、飲み方はロックだ。東京人はブランド好きで、焼酎居酒屋は銘柄の豊富さや希少さを誇り、百、二百もの瓶を並べるところも珍しくはない。鹿児島にそういう店は少ないようだが、若い人に人気の焼酎バー「ＳＡＯ」はそのひとつ。しかしお湯割りはやっていないので驚いた。

十五年前のとき、鹿児島を代表する焼酎居酒屋「焼酎天国」に入り、洋酒スピリッツのようにストレートで飲んでみたかったので氷を頼むと、「何するんか？」と不思議がられた。焼酎はお湯割りが当たり前で机には必ずお湯ポットがある。注ぎ方は必ずお湯が先と教わった。

しかしその後九州から出た焼酎は、ロックの飲み方で日本中に浸透し、こちらが普通になった。これも日本酒地酒ブームが燗酒よりも冷酒で浸透したのと似ている。一方私は、焼酎は飲む数日前から水割りして寝かせた「前割り」を、お燗（ぬる燗程度）で飲むのが最もその焼酎のよさが表れ、それは一番古来の飲み方であることも知った。

今や本場鹿児島もロックか、もう昔の飲み方をする店はないのか、と思いつつ入った「花こよみ」は、美人女将が丸いカウンターに立つ小さな店だ。目の前には、お湯の鍋に錫のちろりがつかる。

「この錫ちろりでお燗するのですか？」

「そうです」

熱伝導率がいい錫は酒器では最高のものとされている。カウンターには、今回いろいろ飲んだ中で最も印象に残った「錫釜」の一升瓶がある。これは焼酎蒸留器の蛇管に錫を使った昔の設備を復活させた、数か月前の新製品だ。その「錫釜」を錫ちろりで燗したらどんなによいだろう。望んでいた最良の組み合わせがここにある。興奮した私は大声で講釈し、最初の一杯を口にした。盃も錫だ。

「……う、う、旨い、うまひ」

感極まったうめきに、店の一同から爆笑がおきた。

「あんた、隣のお客さんは誰か知っとる」

「？」

「錫釜つくった、専務さんや」

「！」

私は真っ赤になり、あたふたすると、その客は豪快に笑った。

「わっははは、まずいと言ったらどうしてくれようかと思っとった」

「私も、ハラハラしたわよ〜」

これは作り話ではない。一大恐縮する私に、本坊酒造専務・本坊和人さんはにこやかに話した。焼酎は水で割って日本酒のように徳利で燗するのが普通だった。それが湯を使わないですむ囲炉裏直燗の「じょか（酒器）」になり、そのうち直接お湯で割るお湯割りに変わっていった。鹿児島はかつて錫生産量日本一で錫の蛇管を使えた。

「焼酎はますます進化する」

専務の力強い言葉が頼もしい。

「さつまいもと人間の関係が、焼酎に現れるんだ」

本坊語録ができる。私は芋焼酎の真髄を求めて本場に来て、この言葉がすべてを言い表わしていると思った。焼酎と鹿児島に乾杯！

島の居酒屋

居酒屋を巡る旅を続けているが、島の居酒屋は格別だ。

東京八丈島の「梁山泊」はそれだけで訪ねる価値のある名居酒屋。まず刺身。四方を海に囲まれる島は例外なく新鮮な刺身がおいしく、八丈島ではハガツオ、めかじき、尾長鯛などを、山葵《わさび》ではなく青唐辛子を切って醬油小皿に落とすか、切り口を刺身にこすりつけて食べる。八丈の小粒青唐辛子は非常に辛く清爽な香りは刺身の甘みをキリリと引き締める。ただし絶対に舌に触れぬよう。もしそうなったら舌を三十分、氷水にひたし続けなければならない。本場のクサヤはもちろんのこと、刺身くずなどを海藻と寒天で寄せ固めた〈ブド〉は味わい深い。酒は島焼酎いろいろ。より離島の青ヶ島の「青酎」の素朴な味わいは独特で、古酒はグラッパの逸品に匹敵する。

＊

伊豆大島には、メダイなど白身魚を醬油ベースのたれにつけて酢飯にのせた〈べっこう丼〉という逸品があり、べっ甲色半透明のづけは酒の肴にももってこい。つけだれを漉《こ》して使い続けるのはクサヤの塩汁と同じだ。明日葉は葉だけでなく茎も使い、ややヌル味のあるごまあえは精がつく。

＊

奄美大島の緑に包まれた居酒屋「一村」の、島鰻の蒲焼と味付けご飯を、さねん〈月桃〉の葉で包んで蒸した〈さねん蒸し〉は、南国の薬効感のある蒸れた香りが誘惑的だ。酒はもちろん奄美の黒糖焼酎。サトウキビから造る黒糖焼酎は、奄美諸島だけで製造を許されている「産地特定名称」だ。

＊

沖縄宮古島の陽光まぶしい居酒屋「ぽうちゃたつや」は土の路地に面した明るい店。「ぽうちゃ」とは島の楽しみの祝いなどの寄りあい料理を仕切る「料理当番」のことだ。東京で長く料理修業を重ねた主人は、故郷に帰って島料理に取り組んだ。コブシメ〈沖縄の大きな甲イカ〉を塩も水も何も加えず、イカの水分だけで煮た〈コブシメ煮〉は、まさに素材本来にここまで奥深いものがあるのかと感動する。

昔から外に頼らず、魚も野菜も調味料もすべて島内でまかなってきた島は、完結した食文化を持ち、そこに島で醸す酒が加われば完璧だ。島に着いてまずするのは、ビーチサンダルに履き替えること。素足で歩いて島の居酒屋に入るときめきは、遥かなる地に来た到達感だ。

しかし島の居酒屋の醍醐味は店を出たあとにある。島は常に風が吹き、酔った頰を撫でる風が島の最大のご馳走であると知るだろう。そのまま浜に出てごろりと寝ころび、満天の星を眺める。心地よく繰り返す波の音に、地球に生きている実感がわいて来る。

（JAL機内誌『SKYWARD』）

文学の香る古きよき温泉町、城崎

山陰、城崎温泉の名は志賀直哉の小説『城の崎にて』で知られる。

志賀直哉は大正二年（一九一三）三十歳の時、山手線の電車にはねられ重傷を負い、養生のため城崎温泉に滞在。その時の心象を小説にした。志賀をはじめ古くは吉田兼好、向井去来、白樺派の有島武郎や里見弴、島崎藤村、斎藤茂吉、泉鏡花など多くの文人が城崎を訪れた。私は初めてやってきた。

宿でまずひと風呂浴び、浴衣に着替え町に出た。風呂上がりの素足に下駄の感触がいい。さほど大きくない温泉街は、真ん中を幅六、七メートルほどの大谿川《おおたに》が流れ、両側に宿が並ぶ。柳並木の川沿い石畳の舗道に、下駄音が軽く響く。

川に架かる石橋は道から四、五段上がって左右に親柱をたて、そこからゆるいアーチ型に川を跨ぐ。春日灯籠風を戴いた親柱、青銅の擬宝珠など、やや神社風意匠の石細工は精密でたいへん美しく、地面より高く架かった橋は、渡る人を晴れがましい気持ちにさせる。

川上に向かう弁天橋、桃島橋、柳湯橋、愛宕橋の四橋はいずれも昭和元年の銘が入り、橋に立つといくつもの虹が重なるような美しい眺めだ。鷺が川床を悠々と歩き、餌を探している。

その先の川が緩く曲がるところの、その名も「わうはし（王橋）昭和二年十一月架之」とある石橋の圧倒的な量感に目を奪われた。見上げる高さの一石刳《えぐ》り出しの親柱が、左右に威風堂々と道を招き入れ、欄干には和洋意匠の装飾彫刻が入り交じる。私は橋が好きであちこちで注目したが、この優美な風格はひときわ名橋だ。

城崎温泉は大正十四年に起きた北但大震災を機に、旅館、浴場、商店が一体となって町づくりを行い、源泉を管理して外湯を守った。この橋はその時のものだろうが、昔の設計者の芸術性には驚くばかりだ。志賀直哉はこの橋を見ただろうか。『城の崎にて』が発表された大正六年は、まだ橋はできていない。しかしその後もここを訪れたはずで、おそらく美意識にうるさい文豪を満足させただろう。

その橋のたもとは外湯の一つ、桃山風の重厚な「一の湯」だ。城崎には七つの外湯があり、地元の人の憩いの場になっている。宿の客は共通入浴券がもらえる。もちろん宿にも立派な風呂はあるが、おおいに外湯も楽しんでくださいということだ。一の湯の名は江戸中期、温泉医学の創始者・後藤艮山の高弟・香川修徳が天下第一の湯と推奨した由縁によるそうだ。外湯の一つ「御所湯」は南北朝時代の『増鏡』に書かれるというから城崎温泉の古さがわかる。

玄関はいろんな旅館の名入り下駄であふれかえっている。出るとき間違えぬよう、自分の宿の名「ときわ別館」をもう一度確認した。本日二度目の風呂だ。広い浴場の奥の天然の洞窟風呂は、尻にあたる石のざらざらした感触がいい。癖のない透明なノーブルなお湯だ。こういうとき男は黙ってつかっているが、隣からは華やいだ女性の声が聞こえる。帰りの玄関で下足番の人が私の下駄をさっと出しびっくりした。脱ぎ散らしをきちんと見ていたのだ。

風呂から上がると外は夕闇になっていた。王橋の高い親柱に灯りがともり、橋をライトアップする光がもれて緑の柳にも当たり、温泉町のなまめかしい風情がいや増している。そぞろ歩く中年も若いカップルもみな浴衣なのがいい。素足に赤い鼻緒の下駄が色っぽい女性たちは入浴セットを提げ、さながら浴衣コンクールだ。各旅館は女性客のために独自のカラフルな浴衣を用意して喜ばせ、町を華やかにしている。

宿の夕飯を終え、ひと休みして町に出た。深山の秘湯もいいが、私は古い温泉町の風情に心惹かれる。日本人は昔から温泉を楽しみ、湯治、信仰、遊興と独自な温泉文化をつくった。昔の作家は温泉宿に長逗留して原稿を書いたという。志賀の城崎しかり、川端康成の伊豆しかり。私はそういうものに憧れがあり、ここに来た。

同じく宿の夕飯を終えた客で町は人通りがあった。浴衣姿で土産店をのぞき、懐かしい射的やスマートボールで遊び、歩きながらソフトクリームをなめる。これが温泉町だ。

私のさがすのは居酒屋だ。温泉宿で夕飯を済ませたら寝てしまうのでは面白くない。子供じゃないんだから温泉行ったら夜遊びだ。浴衣に下駄で一杯やる機会はそうはない。

宿で教わった古い居酒屋「ふくとみ」の、おでん串に〈お・で・ん〉と書き入れた行灯看板がいい。古びたカウンターに座り燗酒と大根、こんにゃくを注文した。ご主人、奥さん、息子さんの三人だ。ここはもう四十年になるそうだ。隣の男客は、勤続二十年休暇をもらい車のひとり旅に出て、埼玉から高山、金沢を回り、今日ここに来たそうだ。明日は帰るという。

「気持よく出してくれた奥さんに、お土産買わないと」

「それなんですよ、何がいいか難しくて」

ご主人に相談し、ひとしきり土産の品さだめとなった。

もう一軒、昼に見つけておいた居酒屋「とみや」に入った。こちらはまだ若い主人に、手伝いの女性はなんと本日初出勤という。「よろしくおねがいしまーす」。声も初々しくはずみ、こちらもにっこりだ。日本海の珍魚「げんげ」の揚げ出しがおいしい。若主人は夏の「城崎だんじり祭」の話になり、がぜん勢い込んだ。

旅先の温泉地の居酒屋の酒がうまい。城崎温泉は文学の香りが品を保ち、浴衣の散策の似合う、日本の古きよき温泉町だった。

翌日、かに寿司で有名な「大黒屋」に入った。かににぎり、かに巻、かに丼といろいろあるが、私は「かにそば」が気に入った。熱いつゆに、かに身を沈めると、かにの出汁《だし》が出てつゆがおいしくなる（ような気がして）、まずそばをすすり、最後にかにとおつゆを飲み、ああうまかった。

（週刊『日本の名湯』二〇〇三年／十一月号）

岩手・みちのく居酒屋夜話

とらや

中津川にかかる中ノ橋を渡り、赤煉瓦の旧・盛岡銀行を眺めながらしばらく進み、やがて右に曲がると八幡町だ。賑やかな大通りよりも、私は古い風情を残すこのあたりが好きだ。もう四十年以上続くひなびた居酒屋「とらや」は、昔からの常連らしき客がひとりぼんやりと、またなじみ客と今年のきのこの様子などを話している。

晩夏。ようやく暑さも峠を越し、町の空気も落ち着いてきた。この頃になると「南蛮青唐辛子」がおいしい。京都で言う「万願寺」だ。焼いて少し醬油をかけると、甘みの中の高貴な辛味がなかなかよいものだ。夏の陽射しを存分に浴びた、十五センチもあろうかという緑濃い大きなのが、カウンターのざるに盛られている。とらやでは、さっと揚げた「なんばん天」だ。

「なんばん天、ください」

「はい、甘いの、辛いの？」

「うーん」

青唐辛子にはときどき猛烈に辛いのがある。唇はしびれ、はあはあと息を吐き、氷水が必要だ。山葵と違い辛さがなかなか消えない。甘辛の見た目はまったく同じだが、台所の主人はだいたい見分けられるそうだ。以前来たときは辛いのに挑戦し、六本盛りのうち一本の半分しか食べられなかった。しかし辛い食物の特性で、もう一度試してみたい欲がわいてくる。どうやら、通は辛いのを好むらしい。

「半々にしましょうか」

「そのほうが面白い」

私とおかみさんのやりとりを聞いていた隣の男が、声をかけてきた。

「最初のが甘いと運が向く、辛いと運が逃げる」

いつもこうやってまじないをかけるのだという。

届いた甘辛半々のなんばん天は、うっすら衣をまとい皆おなじ姿だ。

「おまたせしました、辛いのは……」

「黙ってて！」

男の言うまじないをかけてみよう。

適当に一本取り、恐る恐るすこしかじった。甘い（やった）。ではもうひとかじり、と思う間もなく急激に辛みが襲ってきた。舌の先がしびれている。

「すみません、水、水！」

「うわははははは」

男は笑って出ていった。ちぇ、運が逃げたか。俺は大体こうなんだ。

「あの人はいつも、こうやって知らない人をからかうんですよ」

「え？」

ところが百発百中で、辛いのが当たるのだそうだ。

「不思議なんですよ」

私は憮然と水を飲んだ。

つりがね

岩手県庁前から櫻山神社に至る参道の濠の脇に、鐘撞き堂がある。小山の上で、とくに上り口もないが草を踏んで登れば近くまで行ける。説明版によると、盛岡市指定有形文化財で「名称時鐘一口」。鐘は一口（イッコウ）と数えるんだ。

藩制時代、盛岡城下には二ヵ所に時を告げる鐘があった。この時鐘は三戸《さんのへ》町にあったもので、延宝七年（一六七九）に鋳造された。明治維新後この場所に移され、昭和三十年頃まで、約二百八十年にわたり盛岡の人々に響きを親しまれた、とある。

寺の鐘ではなく、たんに時刻を告げるためだけであるところがいい。朝な夕なに鐘の響きが聞こえた古きよき盛岡をしのばせる。

その参道界隈は一杯飲み屋街で、裏路地まで並ぶ古い居酒屋や食堂は戦後、大陸から引き揚げてきた人々が、手っ取り早く商売するには食べ物屋がいいと、バラックで始め、そのまま定着したそうだ。ジャージャー麺で有名な「白竜（パイロン）」や、餃子の「白乾児（パイカル）」という店名が大陸帰りを感じさせる。

ここは戦後のどさくさで土地使用手続きなどしないまま現在に至り、市は今後の代替わりや改修を許可していないそうだ。つまり自然消滅を待っている。古いままなのはそのためなのだ。鐘撞き堂のすぐ前の、その名も「つりがね」という居酒屋に入った。カウンターと一畳だけの小上がりの店内は、古さがよくしみ込みとても落ち着く。年配ご夫婦の二人でやっているようだ。あたりをふらふら歩き、少々寒くなった体を、盃の燗酒がじんわり温めてゆく。朱塗り皿に盛られた、北寄貝を軽くあぶったのがおいしい。

「表の鐘撞き堂がいいですね」

「そうですね」

「音を聞いたことがありますか」

「いえ……、まあ」

前の人からこの店を引き継いだ三十四、五年前は、もう撞くのはやめていたそうだ。鐘撞き人がいなくなったのだろうか。毎日の鐘撞きは、それこそ正確な定時に一日も欠かせないからたいへんな役ではあるが、ちょっぴりロマンもあるようにも思える。

「それが……」

主人が私を見た。誰も客がなく、もう閉めようかと思うような夜、時々忽然と「ゴオーン」と鳴るという。酔っ払いのいたずらかと見に行くが、人のいたためしはない。

「鐘撞きは相当酒好きだったらしいんですよ。それで、飲ませろー、と撞いているような気がしまして、もう少し開けてようって、思うんですよ」

「ふうん」

私は、うなずいて盃を口に運んだ。

バロン

盛岡大通り「バロン」の扉を押した。煉瓦の壁、十席ばかりの小さなカウンターバーだ。白いバーコートに身をかためたマスターが迎えてくれる。いつものジントニックでしばらく話をかわした後、オリジナルカクテル〈あざみ〉を注文した。マスターは、かしこまりましたと姿勢を正し、準備を始めた。

透明なジン、北欧の蒸留酒アクアビットに、カンパリが深い苦みと赤色を加え、ペルノーが癖をつける。たいへん強く、一杯を空けるのに二十分くらいはかかる。踏まれても踏まれてもたち上がるスコットランドの国花あざみをイメージして作った。重量感のあるコク、強く甘く苦い酒は、野に咲くあざみをよく表している。

長野県に育った私は幼い頃、ある日の夕方、父に連れられ散歩に出てこの花を教わった。ゴワッとした棘のある深緑の葉と房のような鮮紅色の花は、うつくしくも手を触れられないものがあるという強い印象を残した。また当時流れていた、昭和二十四年のNHKラジオ歌謡として発表された「あざみの歌」も、切々と歌い上げる伊藤久男の名唱とともによく憶えている。

〽山には山の愁いあり
海には海の悲しみや
ましてこころの花ぞのに
咲きしあざみの花ならば

詞は叙情派の名手・横井弘だ。後年、この詞は十八歳で入隊した横井が、終戦間近に家族の疎開していた長野県を訪ね、今は国定公園になっている下諏訪の八島高原を散策して想を得、作詞家の出発となった作品と知った。下諏訪は私の故郷松本の隣だ。横井が見たあざみは、幼い私が心に残した花と同じ種類なのかもしれない。

「あざみは、よく注文が出ますか」

「そうですね……」

丸顔のマスターは目を落とし、やや黙ったあと、こんな話をした。

月に一度、夜の九時頃やってきて、必ずあざみを一杯、ゆっくり時間をかけて飲んでゆく女性がいた。中年というには若いが、落ち着いたしぐさと、夜出かけてゆくのを意識した服装は、気軽に声をかけるのをためらわせ、マスターは心を込めて作ることだけを心がけた。

ある日の昼、マスターは乗車中のバスから、ある停留所にその女性が、いつもとは違う普段着姿で買物籠を手に並んでいるのを見た。彼女も気づいたがバスはそのまま通りすぎた。

「それからばったり、来なくなったんですよ」

そのひとは、夜、グラスを傾ける姿だけを、見られたかったのだろうか。

「なんだか、あざみの花を思い出すんです」

ぽつりとマスターは言った。

愛染横丁

岩手公園から中ノ橋を渡った、そば屋「東家本店」のある葺手町《ふくでちょう》あたりは、古い町並に料理屋、居酒屋が続く盛岡で最も好きなところだ。

通りには長福院不動堂の赤い山門が立ち、左右の仁王がにらみをきかす。山門を一周して顔を突き出す、羊、猿、鶏、犬、猪、鼠、牛、虎、兎、龍、蛇、馬の十二支の木彫は、巧みな描写に愛敬をたたえ見あきない。解説板に、西隣の愛染院から明治時代に合祀されたとある愛染明王は〈煩悩即菩提〉。愛欲情欲を浄化し、菩提に入る姿を表わすという。

東家から、クラシックな意匠がすばらしい盛岡信用金庫に向かう路地が愛染横丁だ。その中ほどを横に入った奥の居酒屋「愛染横丁」の鎧戸を開けた。蔵を改造した店内は白壁も新しく清潔な雰囲気だ。床に置いた小さなスピーカーからかすかにジャズが流れる。チャーリー・パーカー、ビリー・ホリディと趣味がよい。落ち着いた若い女性が店を切りもりしている。

店の外に小さく表示された〈今月のお酒〉に私は注目していた。「田酒」「雪の音」「墨乃江」「神亀」「喜正」「梅の宿」の六種。中でも東京の地酒・喜正はつい先日飲んでうまさを知ったばかりなので、これがもう盛岡にあるのかと驚いた。

ガラスの盃に、ほどよく冷たい喜正がおいしい。注文した〈カツオたたき〉には雪のように白いものがかかり、浅葱が色を添える。大根おろしかと思ったが口当たりはもっと滑らかだ。

「これは……、玉ねぎですか?」

「そうです」

擦りおろした玉ねぎをのせるとは珍しい食べ方だ。玉ねぎの辛味と甘味にぽん酢が酸味を加えとてもおいしい。感想を言おうと思ったが、黒エプロンの女性は忙しそうだ。

カウンター端に置かれた、店の手作り通信『愛染横丁第六号』を見ると、今は開店五周年記念・飲物オール二割引中とあり、これはよいときに入った。不動明王お参りの御利益か。ならばと、ここのプライベートブランド酒「愛染横丁」を頼んだ。

「どこの酒ですか？」

「菊の司の本醸造です」

盛岡の地酒だ。昼間、白壁美しい蔵の前を歩いた。そのお燗は、さっぱりした口当たりのなかに、情の深さがあってたいへんおいしい。店の女性とはそれ以上話せなかったけれど、おいしい焼油揚げを肴にひとり酒を楽しんだ。

外に出ると、ほてった頬を風がひんやりとなでてゆく。愛染横丁の酒は、ひととき日頃の煩悩を払ってくれた。私は愛染明王に逢いたくなり、闇に沈む赤い山門をくぐって、手を合わせた。

「煩悩即菩提むにゃむにゃ……」

「喝！」

後ろから仁王が一喝した。

やきとり寅さん

盛岡駅から北上川旭橋を渡った材木町に「酒買い地蔵」がある。正しくは「永祥院酒買地蔵尊」といい、こんな由来の札が立っている。

――むかし材木町のある酒屋に、毎晩酒を買いに来るもの言わぬ小僧がいた。ある晩、店の貸し樽を返さないと腹を立てた酒屋の番頭が、小僧の頭を木づちで打った。その身を案じた主人は小僧の後をつけたが、あるお堂の前で姿を見失った。そっとお堂をのぞくと、貸した小樽が山をなし、地蔵の眉間に傷がついている。そしてどこからともなく「お客には親切にしなさい」と声がした。主人は「これはもったいないことをしてしまった。毎晩この地蔵さんが化身して酒を買いに来られていたのだ」と心から悔やんだ。それから親切第一に商売に励み、縁日には酒を供え、店は繁盛した。いつしか地蔵は「酒買いさん」と呼ばれ人々に親しまれるようになった――。

手を合わせてから、寺の方にお願いしてお堂に上げてもらった。十畳間ほどの正面に、白い肩かけ羽織の上人と、金の杓を手にした赤顔の閻魔が厨子を中に左右を固め、朱塗り大盃と鏡餅、そして一升瓶が供えられている。毎年七月、最後の土日に行われる例大祭には奉納行事として、利き酒コンテスト、振るまい酒などもある。また月一回ここに町内の人が集まり「よ市」という酒飲み例祭を開いているそうで、盆に湯呑みが伏せてあった。

ここ材木町の名は、かつて北上川の水運を使った材木の集散地・木場があったことによる。町北の夕顔瀬橋は明暦六年（一六五六）の古橋で奥羽街道、秋田街道の惣門番所のあった要衝だ。いま材木町は「いーはとーぶアベニュー材木町」と変身し、宮沢賢治の世界をテーマにしたオブジェが置かれ、賢治の座像もある。賢治が名をつけた出版社「光原社」は民芸店になり、和菓子老舗「山善」には、なめとこ山、双子の星など賢治作品名の菓子があった。

夕方になり、近くの「やきとり寅さん」に入った。名物元祖とろろ焼で飲むビールが旨い。開店して二十九年というが、去年改装したばかりで明るく清潔だ。茶色作務衣のおかみさんは愛想よく、くるくる働いている。

「商売柄、酒買い地蔵にはお参りにいきますか？」

「心の中で手を合わせてます」

笑って答えたが、例大祭ポスターの協賛には名を連ねていたから御利益はあることだろう。

材木町でもらったパンフレットの地蔵尊の写真をじっと眺めた。これは秘仏だが、平成四年の開眼二百年には開帳され多くの人を集めたそうだ。像は素朴な中に地蔵らしい愛らしさと威厳がある。

酒買い地蔵があるのなら、酒飲み地蔵もあっていいか。全国の酒飲みを集めて酒供養を……。

酔った私は生き地蔵となっていった。

彩四季

南部せんべいで有名な白沢せんべい店でもらった『手づくりガイドマップ紺屋町界隈もりおか』に載っている居酒屋「彩四季」の、〈料理おいしいよ!〉という注釈にひかれて入った。

入口の小さなカウンターに座った。酒は「月の輪」「紫波の泉」「南部美人」「七福神」「亀萬蔵」と手堅い東北銘酒に、「彩四季オリジナル亀の尾仕込み」もある。まずはビール。エビス生がうまい。開店早々で私のほかに客はなく、ぼんやりとテレビのローカルニュースを見た。盛岡の旧町名地図が一部百円で書店で売られ始めたそうだ。

明日買ってみようか。

「へい、おまち」

主人の差し出した湯気を上げる〈焼茗荷〉は、縦切りした茗荷をいくつか串に刺し、味噌を塗って焼いた素朴なものだが、香りがたっておいしい。

「茗荷も、もう終わりだね」

「そうですね」

目の前の生魚ガラスケースの端に数冊、本が立て掛けてある。『山日和』『早池峰《はやちね》の植物』『岩手のきのこ』。

「山が好きなんですか？」

「ええ。ま、アウトドアってんですか」

週末になると家族で車に乗り山に入り、山菜やきのこも採るけれど、なんとなく山にいるのがいいのだそうだ。その感覚はよくわかる。最近、素人の関東ナンバーが来て、缶やゴミを全部置いてくんですよと憤慨する。早池峰に行ったとき記念に石を持ち帰り、店に飾っておいたところ、早池峰は自然物移動禁止地区なのだと客に注意され、戻しに行ったそうだ。

酒に切り替え、〈松茸入り茶わん蒸し〉を頼んだ。松茸が山で採ってきたものではないのは仕方がない。

カウンターに直径二十五センチほどの大きな黒い飾り灰皿がスタンドつきで飾ってある。黒の陶地を一周して入る金文字は、大工町、鍛冶町、油町、呉服町、葺手町、穀町、生姜町、御弓町、鉈屋町、肴町……など盛岡の旧町名だ。

「その中に一つだけ字の間違いがあるんですよ」

四ッ屋町は正しくは四ッ家町なのだそうだ。なにかの祝いで作ったが誤字のため作り直したので二百個余り、その内の二個を客からもらったのだそうだ。

「かえって貴重かもしれないよ」

「そうなんですよ」

どうもこれ置いてから客の入りがいいという。ちょうどどやどやと奥の座敷の予約客も来て店は忙しくなった。商売繁盛灰皿だけど、早池峰に石をもどしたからかもしれない。石の恩返しか。

再び目をやったテレビの天気予報が「明日は曇り空なので、お月見はお早めに」と伝えている。明日は中秋の名月だ。手を止めてテレビを見上げた店のおかみさんが、ぽつりと「十五夜さん見られないねー、今夜見とかなきゃ」とつぶやいた。いいひとり言だなあ。こういうつぶやきのもれる盛岡が好きだ。

店を出て中ノ橋にたたずむと、中天の月がくっきりと姿を見せていた。

どぜう一平

開運橋のたもとは巨大なマンション群が林立するようになった。その谷間に「どぜう一平」の古い木造二階家がぽつりと取り残されたように建っている。ここが三月で閉店すると聞き訪ねた。

カウンター十席ほどに、人数分の丸いガス台が置かれた天井の低い小さな店だ。古く黄ばんだ品書はビール、酒に続き、どぜうなべ、柳川なべ、どぜう蒲焼、どぜう汁などに加え〈めし　百七十円〉がいい。紙を貼って消した下に〈どぜう佃煮〉の字が透けて見える。閉店近いのでやめたのだろうか。〈どぜうなべ〉は、幅十五センチほどの鉄鍋にどじょうが姿のまま重なる丸鍋で、ごぼう笹掻きに豆腐も入る。刻み葱を山盛りし、燗酒を一杯やって煮えるのを待った。

黒光りの店内は相当古く、すすけた天井にどじょうすくいのザルや魚篭《びく》が飾られ、入口近くの盛大な花の鉢植えがうるわしい。壁に〈当店は三月二十八日をもって閉店。二十一日から三日間は感謝割引セール〉の貼紙がある。

冬のどじょうは丸々と太りおいしい。盛岡にどじょうの店があるとは知らなかった。主人の白い袢纏の背の、「一平」の字をどじょう二尾が巳に囲む絵柄がいい。主人は七十五歳、この店は三十八年になるそうだ。昔はどじょうを手に入れるのは簡単だが、(なじみがないため)食べさせるのが難しかった。今は逆と言う。関東ではどじょうは庶民の粋な夏の食べ物としておなじみだ。郊外がすぐ自然の盛岡にどじょうはいくらでもいるだろうに、あまり食べる習慣がなかったとは意外だ。

満員の店に、主人、奥さん、娘さんの三人が、閉店を前に心を込めて黙々と支度をしている心情が伝わってくる。隣のひとり客は受皿にあふれた枡酒を、ためらいなくどぜうなべにふりかけた。通の流儀なのだろうか。どじょうを食べ終えると豆腐だけ追加し、見ている私に「これがうまいんだ」とにやりと笑った。「もう一回来るよ」と言い残し二人客が出てゆく。閉店を聞きつけた常連が名残を惜しんで次々に訪れているようだ。

テレビはなく、店の隅に置かれた古いラジオから氷川きよしの「雪の渡り鳥」が細く流れてくる。ラジオの歌謡番組を聞くのは何十年ぶりだろう。まるで時代が五十年もさかのぼったようだ。

私の座るカウンターの端に天井の梁を支えるように鉄のポールが立ち、そこを寄りどころにもたれたり、手で握るとなんとなく落ち着く。そうする客は多いらしく手のあたりは滑らかに光っている。

「そこが上席、ポールを握るとまたここに来ると言われてるんだ」

さっきの客が言った。しかし閉店までに私がもう一度来ることはないだろう。

店を出るとき手拭をくれた。開店ではなく、閉店に記念品を配る店は珍しい。家で開くと、三尾のどじょうと、どじょうすくいの絵に、〈どぜう、ふるさとの味　一平。長年のご愛顧、大変ありがとうございました〉と入っていた。

ひさご

肴町アーケードを喫茶「車門」の方に曲がり、左側の古い建物・小原写真館の巨大なアールヌーヴォー風の人魚美女レリーフの数軒先に「盛岡有楽町街」という小路がある。赤い矢印が奥に導くが、看板にある「居酒屋綾」「炭焼酒房ひさご」の二軒だけで有楽町街を名のっているようだ。その「ひさご」に入ってみた。炭焼酒房ならば魚でも焼いてもらい一杯やろう。

すすけた障子戸を開けると目の前はすぐにカウンターだ。誰もいない。三和土《たたき》の石油ストーブには火が入っている。よく見ると左小上がりの衝立陰に、海老のように丸くごろ寝している人がいる。しばらくためらい、ごめんくださいと声を出すと、気がついて目をこすり、一瞬何が起きたのかわからないでいるかのようだ。

「やってますか？」

「あ、はむにゃむ……」

何か言葉らしきを発しておき上がり、こちらをまわってカウンターに入り、私も腰をおろすことになった。

小上がりを除けば五人で満員の小さな店だ。中に小さな囲炉裏があるけれど灰には炭火の影もない。これは開店休業の体だな。主人はごま塩髪をちょんまげにしばり、バンダナを巻き、前歯は数本欠け、年季の入った漬物石のような風貌だ。

「えと、お飲み物は？」

そうか、何か頼まなければ。ビールはもう飲んだし。

正面に静岡名酒「磯自慢」が並んでいる。中身は入ってるのだろうか。

「お酒は何が……」

「磯自慢ですけど」

本当だ。主人はお猪口を並べたざるをさし出した。私の好みはぐい飲みよりも盃だ。

松島らしき絵の描かれた大ぶりのひとつを取り上げると「ああ、それは古いです」と言った。

磯自慢の燗酒がおいしい。数少ない品書に、宗八カレイ、焼ベーコン、たい頭塩焼、とあるが本日は焼物はできなさそうだ。

「焼カレイ煮付ってなんですか？」

「食べてみて欲しいんですが……」

これも無理らしい。あとはベーコン鍋というものしかなく、それにすると主人はほっとしたように「はい」と答えた。

土鍋に、人参、玉ねぎ、キャベツ、長芋、厚切りベーコンかたまり三つの入る塩味の鍋はポトフのようでおいしい。煮崩れるじゃがいもの代わりに入れた長芋がいい。夜、一人前の料理を作るのが面倒な働いている女の人に好評という。この店には女性のひとり客が来るのだ。

貼紙の「当店おすすめの酒・広喜」は紫波の酒蔵に主人が蔵入りして造ったもので、主人はかなりの日本酒通のようだ。昭和六十三年に開店し、酒の話をしながら飲める店をめざしたが、酒にこだわる客などまったくいなかったそうだ。広喜はたいへんおいしく、ベーコン鍋もきれいにいただいた。

外に出ると無人の町に月が煌々《きらきら》と冴える。見上げた写真館の人魚美女が一瞬ウインクした。

中津川

さんさ踊りを見に夕方盛岡に着くと、県庁前の通りはすでに見物の場所取りの人が座っていた。

パレードの始まる六時にはまだ早く、近くの居酒屋「中津川」に入った。鉤の手に折れるカウンターが奥に延びる古い店内は艶光りしている。鍋の油が熱をおび、揚げ物が得意の店のようだ。奥の客のつまむうまそうなイカフライと生ビールを、そっくり真似て注文した。ビールに揚げ物は王道だ。

ここは櫻山神社参道の古い飲み屋街だ。入ってすぐのカウンター角に座り、店内に背を向け、開け放った玄関から見える通りを眺めながらビールを飲んだ。明るいうちに居酒屋に入り、外の見える席に座り、何となく世間を眺めながら一杯やるのが好きだ。ましてこのあと踊りを見る。

今日のこの通りは、ビールや焼きイカの露店が数多く並びいつになく賑やかだ。人波が止まることなく浴衣の男女が行き交う。男も女も浴衣を着ると男前女前がひとつ上がる。すぐ前の露店には、田舎から出てきたらしき背広に野球帽の日焼けした老人が、紙コップの白ワインを手に店に張り付いてご機嫌だ。届いたイカフライは、揚げ立てにマヨネーズがたっぷり添えられてうまい。

揃いの浴衣の男二人が団扇を片手に入ってきた。どこかの踊りの連のようだ。「時間ないから一杯だけ」と言って大ジョッキの生ビールをぐーっと飲む。踊りは一杯ひっかけたほうが調子が出るのだろう。

奥の客は「仙台からさんさ見に来たけど、ママの顔見てでき上がっちゃった」と愛想を言っている。主人によるとこの店は初代がオーナーで今は三代目。店の名前だけは変えないでくれ、という条件で続けているそうだ。もちろん近くの中津川からの名づけだろう。

六時になったのか、パレード開始を告げるようにドンドンと花火の音が響き、通りをゆく人の足が早くなった。二人連れは、時間がないと言いながらまだ座っている。それでも、そろそろ行くかと立ち上がり、すぐ「団扇忘れた」と小走りにもどり、また走っていった。こちらも御輿を上げよう。

パレードは始まっていた。大通りの両側は見物人でぎっしり埋まり、縁石にのるとよく見える。

初めて見るさんさ踊りの華麗な振りに魅了された。小手先だけでない、ステップを踏みながら大きく腕をまわし全身を投げ出すような動きは、短い東北の夏の一夜にすべての想いを表現しているかのようだ。いくつもの連がつぎつぎに繰り出し、おなじ踊りなのに少しもあきない。盛岡のどこにこんなに美人がいたのかと感心するほどうつくしい女性が多い。盛岡は美人の産地だったのだ。

やがて登場した「ミスさんさ」連のひとりに私の目はくぎづけになった。上げた髪に大きな黒々とした瞳が映え、しなやかな二の腕が優美に回転する。一瞬私と目が合い、しばらく私を見つめていたように見えた。

くらくら。夏の夜の夢だった。

（岩手郷土誌『ふうらい』二〇〇一年／第五号～二〇〇三年／第十三号）

Ⅳ 人との出会いが待っていた

秋田・大阪・青森・盛岡

秋田の居酒屋で

秋田のある居酒屋で、リタイア後は地方の居酒屋旅をしている、というご夫婦に話しかけられた。奥様はあまり飲めないが、居酒屋の肴はおいしくてすこしずついただけるのがよいそうだ。

ご主人がトイレに立った時にもうすこし聞いた。何よりもご主人が機嫌よいのがうれしく、地酒や土地の歴史などを、居酒屋主人と男同士で闊達にかわす姿を見て、ちょっと見直したと。

その後がよかった。結婚した頃は二人でお酒を飲みに出たこともあったけれど、主人は仕事、私は子育てでそれもなくなった。仕事も子供もかたづいた今、いい歳になった女の私でも居酒屋に入ってみたい。しかし家の近所では、はばかられる。こうして旅に出てしまえばそれができる。店を出たあと何十年ぶりで主人と夜の町を歩き、ちょっと怖くて腕にしがみついたのが楽しかったと。

見ていると、注文は奥様の方が断然度胸がある。ご主人は「あなたいつも、こういうおいしいもの食べてるの」と言われたくないからか、漬物、焼油揚くらいと控えめだが、奥様は「ボタン海老のお造りと茶碗蒸し、出汁巻も」と豪勢で、主人の目を白黒させているのがほほえましい。

家では無口な夫婦も、旅の居酒屋では話がはずむ。そこにおいしい酒もある。秋は旅の居酒屋の季節です。

大阪阿倍野「明治屋」の移転

明治の末に酒屋を始め、昭和十三年から居酒屋になった大阪安倍野の「明治屋」は居酒屋だけでも七十五年になる。重厚な瓦屋根二階建ては古い大阪商家の貴重な建物で、安倍野地区再開発の広大な空き地を背に孤高の存在感をもちながら、全国の居酒屋ファンに、その行く末を心配されていた。私もそのひとり。もし移転することになっても今の内装を絶対に変えないでほしいと注文していた。

平成二十五年、明治屋は旧店舗を壊し、安倍野にできた商業ビル「ヴィアあべのウォーク」に移転となった。その初日に引き戸を開け、昔と寸分変わらぬ内装にうれし泣きした客が三人いたという。

私も後日訪ねた。ビルのアーケードにあって、玄関周りも扁額も吊り看板も、店内カウンターも樽も大時計も神棚も品書き札も、赤座布団によこたわる商売の守り神のブロンズ牛も、その位置もまったく変わらない。しかし厨房やトイレは最新式にした。多くの居酒屋が新装で常連客を失い失敗しているなかで、居酒屋は内装を変えてはいけないことをここまで徹底したのは快挙だ。いつもの席に座り、これも変わらぬ流動式燗付け器の一杯の旨さよ。

何もかも変わりゆく世の中に「変わらぬことの安心感」が人を惹きつける。

青森八戸の八つの横丁

八戸にはその名の通り八つの横丁がある。

たぬき小路／五番街／長横町れんさ街／ロー丁れんさ街／ハーモニカ横丁／みろく

横丁／花小路／八戸昭和通り。さほど大きくない八戸の町の中心に肩ふれ合う細小路は、寒い北国にふさわしい。

長横町れんさ街に連鎖し、昔、牢屋があって名が付いたロー丁れんさ街の「おかげさん」は陽気な姉妹の店。午後の夕方水揚げパリパリの〈PMイカ〉刺身は、ゴロ（腑ワタ）で味がのり、その塩辛をのせた〈せんべいピザ〉がまたいける。

美人ママさんで評判の「山き」は、カウンターに並ぶ大鉢料理を温めてくれておいしく年配客中心。二階はハンサムな息子さんのバーでこちらは若者が。みろく横丁、花小路は小さなコの字カウンターを詰め合って囲む気楽な屋台村だ。

一番古いたぬき小路の「せっちゃん」のお母さんは横丁の生き字引。「後期高齢者よ」と笑うが、今も北海道にスキー遠征するお元気。鯖水煮缶詰を使う〈せんべい汁〉は予約しても食べたい逸品だ。

八戸昭和通り「浅坂」の木造小屋のような家は、居酒屋好きならばどうしても入ってみたくなる風情で、貫録のおかみの人柄に若いカップル客も多い。

八戸の横丁の名物はコタツ。温かいコタツに足を突っ込んでの一杯は至福のとき。おのずと人情もわいてくる。冬の今が〝行きどき〟だ。

盛岡櫻山神社参道

盛岡・櫻山神社参道に、昔のままの木造二階家が三本並行する魅力的な飲み屋横丁がある。飲食だけでなく薬局や商店、喫茶店などもある生活横丁であるのがまことに健全だ。最近は若い人が注目して新開店しているのが心強い。

平成二十二年、ここを撤去する市の再開発計画が浮上した。土塁で囲んだ更地にするだけという何の生産性もない計画に、市民の反対運動がおこり、長年通っていた私も、地元の新聞や、連載を持つ雑誌に反対意見を書くなど微力の協力をした。翌二十三年、住所入り反対署名三万三千余を市に提出。「計画白紙撤回、今後は市の重要な観光名所として保持整備してゆく」劇的な結果となった。全国にも再開発に反対して実った例はまことにすくなく、我々は一夜居酒屋で乾杯した。

盃を手に思った。反対署名簿提出が二十三年三月九日。その二日後に東日本大震災発生。しかし参道横丁は皿一枚割れずそのまま残った。そして六月に白紙撤回。ここからは推測だが、震災により一瞬にして歴史ある町が消され、失われたものの価値に気付かされた。天災ならばともかく、安易に「再開発」してしまってよいのかと市も考えたのではないかと。

参道飲み屋街は今や盛岡名所として大人気で、ＪＲのＣＭに吉永小百合さんが登場するまでになった。私も盛岡にいく楽しみが残った。

京都・大阪、夫婦で居酒屋へ

京都　祇園　きたざと

夫婦の旅行。新婚旅行でいったきり。

「たまにはどこかいかなきゃなあ」

とはいえ互いに結構忙しく、ではなおさら夫婦の時間を持たねばと思うが。

「海外？」

うーん、外国は面倒くさい。

「温泉？」

いいけど、老後みたいだよ。

「そうだ、京都行こう」

これはうまいキャッチフレーズですね。京都で一杯。今さら観光でもあるまいし、今夜の酒が京都なだけ。「夫婦で居酒屋」も一泊してとなれば上級だ。

京都の代表は祇園。紅殻色の一力茶屋から入る花見小路は、京都特有の簾をおろす二階建て町家が並び、女性ならずとも、素敵ね、どこか入ってみたいわとなるが敷居が高そうだ。

一筋東へ沿う狭い花見小路東通りは、ひっそりと観光客は少なく、向こうから舞妓さんがやってきそうだ（実際すれ違ったことがあります）。夕方は野花の篭が打ち水の石畳に映える。そこの「祇園　きたざと」がお目当てだ。

「ごめんください、予約の……」

「おこしやす」

小さな玄関で履物を脱ぎ、奥の板の間もいいが、右の小さな床座りカウンターへ。ここなら主人・北里隆俊さん、愛称・北さんの顔が見える。とりあえずビールにして、細い筆字の品書きをじっくり。値段明記で案外安く、予算担当の主人は安心（女性は旅に出ると金遣いに度胸があります）。

京都の板前割烹はコース料理ばかりで、それじゃツマラン。だってコースが終わったら出なければならない。せっかく来たんだから、いつもの居酒屋のように選ぶ楽しみを味わって、ゆっくり飲みたい。それがここでできる。

「鱧、どうどす。旬どすな」

おお、鱧ね。本場だ。

「お造りも少し盛りまひょか」

最初はやはり刺身、いや〝造り〟といこう。

「どうぞ、ゆっくりしておくれやす」

いいですねえと上着を脱いで、まあ一杯。妻とかわすお酌もひさしぶりだ。いつもよりおしゃれした妻に、うーむ、まだいけるなと見直す。

「鱧って美味しいわね、私は梅肉」

「ぼくは山葵醤油がいいな」

はじめはやはり食べものの話題。お酒がきいてくると店主に顔が向く。

「京都は、いつがいいですか」

「まあ、春の桜と夏の祭、秋の紅葉はシーズンどすな」

祭は葵祭、祇園祭、時代祭だろう。しかしホテルは予約で満員、団体も来る。京都好きの人はむしろ正月明けとか、葉桜の何でもないときに来て、京都の日常を味わい、なじみの店で一杯やるという。私も同感だ。京都は普段の町歩きがいい。町家の小さなレストラン、そばうどんはどんな小店もレベルが高く、伝統工芸の小物や、若い人ののびのびしたファッションの店も東京あたりとはセンスが違う。千年の都の美意識を日常の町に発見するのが楽しい。

名物〈焼きとろろ〉はふんわりとおいしく、網目模様美しい〈鯛カマ焼〉に箸がすすむ。妻も少し酔ったのか、目がうっとりしてきた。

「あなた、明日早起きしてイノダコーヒいきましょうよ」

あなた、という言葉を久しぶりに聞いた。やっぱり来てよかったな。場所を変えるって大事だな。

大阪　ながほり

「大阪の居酒屋も入ったことあるの？」

「あるよ」

「へえ、どんなかしら」

大阪といえば、たこ焼き、串揚げ、おでんの大衆イメージだが、食いだおれの町。居酒屋といえどもすべてにこだわった一流の店も、もちろんある。

てなわけで大阪へ。

大阪、中央区上町。地元以外にはなじみのない、大阪女学院大学のある静かな町は、東京で言えば成城か。大阪の実力ナンバーワンといわれた居酒屋「ながほり」は昨年長堀橋からここに越し、周りに何もない場所にすばらしい店を作った。

小さな冠木門をくぐり、打ち水された敷石を踏んで、白壁蔵造りの重い戸を引く。吹き抜けの天井は高く、木組みの間から外光が入る酒蔵のような造りだ。奥にむかって長いカウンターが延び、その先は坪庭でこちらはやさしい感じ。玄関は男っぽく、奥は女性のやわらかさをイメージしたそうだ。テーブルもあるが、夫婦二人はもちろんカウンターへ。

「予約の○○です」

「お待ちしていました、さあどうぞ」

白衣白帽、がっしりした体格の主人・中村重男さんがにこやかに迎える。ビールで喉をしめらせつつ、目は品書きへ。妻ものぞき込む。いろいろあるが、まずは〈刺身盛り合わせ〉、日本酒は冷たいのを中村さんにまかそう。

カウンター、木壁、棚などの木材は、中村さんが古い酒蔵をいくつもまわって、もらってきた古材を削り直し、柿渋で仕上げたもので、酒蔵の長年の酒造りのオーラがしみ込んでいる。

「お待たせしました」

届いた盛り合わせはアマテカレイ（明石）、小タコ（明石）、アジ（大分）、タイ（八幡浜）、アワビ（徳島）、サバ（加太）、針イカ（明石）、カツオ（三重）、白エビ（富山）の九品。ひとつ一切れずつを慎重に味わってゆくうち、妻がウンウンとあごをふり始め、うまいと感じ始めたようだ。添えた山葵が鋭くきく。

「これが一番高価ですねん、キロ二万円、もう意地ですわ」

しかし立派な押し出しの店なのに値段は居酒屋価格。「店をきれいにして値段も上げたと言われるのが嫌で」これも意地で、価格据置きにした。次の〈夏野菜のあんかけ〉の目の覚めるうまさに、妻は「こんな単純なものが、どうしてこんなにおいしいの」と夢中だ。女性はすぐに作り方を考えるのだな。

中村さんは二十五年前に居酒屋を始めてから日本酒を造る人の情熱にうたれ、それならば食材もと、魚、肉、野菜、調味料まで、すべての生産者を訪ね、この生産者とこの生産者を一皿に出会わすのを夢とするようになった。夏野菜のあんかけも、トマト、胡瓜、茄子などそれぞれの生産者の得意の品を皿一堂に集め、特製山椒を惜しげなくふる。〈冷製トマトスープ〉はトマトと枝豆の名品の出会い。〈海老と鯛のソーセージ〉は羊の腸が余っているのを知り、海の高級魚を合わせた未到の領域だ。

満足した妻は「ここはもうレストランね、居酒屋なんかじゃない」と息巻く。たしかに有名ホテルやレストランのシェフも足繁く通い、名店の誉れ高いが、いえいえ、やっぱり居酒屋です。だからいいんです。

（『「旬」がまるごと』連載「夫婦で居酒屋へ」／二〇一〇年）

京都の会員制バーにふらり

春向けのエルメスのハーフコートを買った。三十万円もする。普段はユニクロ専門で服装にはとんと興味がないのに、衝動買いとは恐ろしいものだ。

しかし着て行くところがない。普段着に使えない気の弱さ。これを着てどこに行こうかと考え京都にした。ひとり旅だ。

二条大橋たもとの「ホテルフジタ京都」に宿をとった。京都のホテルはあちこち泊まったが、最近は低層七階建て、障子ごしの外光が上品なここに定着した。京都にいけば必ず寄る居酒屋「赤垣屋」から歩いて帰れるのも都合がよい。

昼すぎに着き腹がへった。昼飯に出よう。

ここから高瀬川のせせらぎ沿いに、小さな石橋を見ながら木屋町通を下るのが好きだ。御池橋親柱の味のある四角文字。たもとがフランスの田舎の川岸カフェのような恵比寿橋。青銅擬宝珠の三条小橋はしだれ桜がきれいだった。クラシックな鉄の装飾欄干の車屋橋角のうどん屋「麺房美よし」の古風な風情もいい。見どころは元・立誠小学校玄関の橋だ。アールデコの堂々たる校舎は見あきない。

錦市場になじみの「山茂登」で注文した〈鶏卵うどん〉から盛大に湯気が上がる。ふわふわ卵とじあんかけは食べても食べても減らず、おいしいダシは、かゆいところを存分に掻いてもらうような快感だ。ふうふう吹いてすするうち、生姜がきいてどっと汗が出てきた。

腹も落ち着き、三条通の古い建築を見に行こう。これもいつも通り、途中の御幸町《ごこうまち》通《どおり》の「便利堂」に寄り、小林古径や川端龍子の美術絵はがきを買う。

建築ウォッチングに三条を東からゆっくり歩き始めた。小さな肩かけかばん一つが身軽だ。過剰なまでに重厚な赤煉瓦二階建ての旧・家辺時計店の〈銀行へ行ってます30分ルス〉の貼紙がいい。お忙しくて何よりです。

旧・不動産貯蓄銀行は白煉瓦に緑青の銅葺き屋根を戴き、ドイツ風の圧倒的な威厳がせまってくる。中のすり減った木造階段を上がった二階の、フランスのコミック「TINTIN《タンタン》」のショップで思わず時間をつぶし、土産にキーリングを買った。

むかいのメンズの「モリカゲシャツ」は遊び心あふれる一品制作シャツが並ぶ。京都の人はおしゃれだなあ。

すぐ先の日本生命は、明治建築界の法皇・辰野金吾らしい凝った頭頂と、片岡安の直線的な細部意匠からなる設計で、その出会いをほれぼれと眺める。中は古着の着物ショップだ。

筋むかいの輸入家具店「Artifact 3D」の椅子に目が引き寄せられた。座のベージュ牛革がひんやりと尻にあたり、半円にカーブした温かみのあるチーク材ひじ掛けが、後ろから抱きしめるように〝座ってろ座ってろ〟と囁く。うーん離れられない。バタビアチェアというインドネシアからの輸入品で三万三千円だ。

「……これは東京に配送できますか？」

「はい、送料三千四百円です」

うーん、う〜ん。さて私はこれを買ったでしょうか。

未練を残して（寸法表と名刺をもらいました）、「イノダコーヒ」でひと休み。六おなじみイノダも、最近はこの三条支店奥の楕円形カウンターがお気に入りだ。六穴もあるガス台には、大小さまざまな琺瑯《ほうろう》水差しや寸銅が置かれ、白衣蝶ネクタイの店員が忙しげに立ち働く。コーヒー一杯にここまで手をかけるのは文化だ。砂糖ミルク入り〈アラビアの真珠〉をゆっくり味わった。

ホテルにもどりひと眠り。さあて酒飲みに出よう。御池通《おいけどおり》の「えいたろう屋」の、手斧仕上げのカウンターには七輪が並ぶ。ここは炭火焼きが売りだ。

ツイー。

燗酒が腹にしみわたる。ヨコワ刺身がうまい。ひとり旅のひとり酒。これをしたかった。白衣の主人は若いが落ち着いている。髪を束に結んだお運びの若い娘さんは、略着物に紫の袴、白足袋に赤い鼻緒の草履が可愛い。袴がいいですねと声をかけると「ほんとはスカートなんです、ほら」と左右に広げて見せ、目のやり場にあわてる。

炭火のミニ七輪の昆布に牡蠣のむき身を並べ、葱を山のように盛った〈かきの松前焼〉が届いた。珪藻土《けいそうど》刳《えぐ》り出しの七輪は外側が熱くならず卓上によいそうだ。やがて昆布の焼ける匂いとともに、牡蠣がふるふる温まってきた。

うーい。夜の御池通は、灯明のような街灯が石の舗道に映えてうつくしい。明るすぎず、むしろ薄暗いのがいい。黒塀に囲まれた柊家旅館から富小路通に、暗い方暗い方へと足がむく。左の闇に古い扁額「ヤマ泉味噌溜　マルほ醬油　泉屋市古商店」が浮かび上がる。新古美術「山定」の軒先に置かれた赤絵金魚の染付大鉢は一万八千円。買うか、いや待て。

旅先の夜の町のひとり歩きが楽しい。むかっているのは祇園近くのバー「写楽」だ。場所は南座裏と聞いたが……おお、ここだ。

木の床に、深いワイン色のカウンター、英国風棚のバックバーに並ぶぴかぴかのボトルにランタンの灯が映る。店全体の落ち着いた艶がすばらしい。開店三十三年になるそうで、マスターはいかにも洗練された雰囲気だ。

ジントニックの細かな泡が立ち上がる。マスターの話では、京都で一番古いバーは大正中頃の「サンボア」か「元禄」なのだそうだ。「サンボア」は知っている。「元禄」は前から気になっていた南座前の古色蒼然たる店だ。あそこはバーだったのか。

もう一杯いただいて出てすこし歩き、元禄の重い扉を押した。赤いカーテンの向こうは秘密めいた雰囲気だ。しかし、ここは会員制ですと断られてしまった。エルメス着てるんだけどな。関係ないか。残念だ。もうひと押ししてみよう。

「……今、写楽で聞いて来たんですが」

「あら、じゃ電話いただければよかった」

なんとか座れた。会員制ゆえこれ以上の描写はできないが、壁に文学読本でよく見る山本周五郎の有名な色紙、〈寒い　周〉があったことだけを書いておこう。

「ありがとう、いい思い出ができました」

挨拶して元禄を出た私は、ゆっくりと赤垣屋へむかった。

金沢でトビウオを食べそこなう

岩波書店より刊行中の『新編　泉鏡花集』は土地別の巻立てに特色がある。その第一巻「金沢（一）」を求めた。復刻挿し絵入り菊判・浅黄布装で五千六百円もするが、本らしい本を買った充実感がある。ページを開くうち、金沢の浅野川を歩いてみたくなった。

空港バスが犀川大橋を渡ると金沢に来た実感がわく。予約した「金沢エクセルホテル東急」は繁華街香林坊の真ん中だ。鞄を預け昼飯に出た。

とき五月。メインストリート百万石通りは、ルイ・ヴィトン、ティファニーなどの高級ブランドが並び、高々と繁る欅の若葉が目を洗う。

目当ては近江町《おうみちょう》市場の「近江町食堂」だ。本日お薦めは〈トビウオ刺〉。もうこの季節が来たか。しかし近江町食堂といえば、炭火で焼いたブリカマ大根おろしつきの〈ブリカマ定食〉だ。さてトビウオかブリカマか。

届いたブリの頭半身とカマに圧倒された。こんなに大きかったっけ。目玉がさあ食べてみろとにらむ。ぱちんと箸を割り攻撃開始。ほかほか釜炊きご飯と焼いたカマの組合わせは変わらずベストマッチだが、進めど進めどいっこうに減らず、もう私には、この巨大なカマを食べ尽くす体力はないのだと気づいた。相席の人の、透明な羽を飾ったピンク色のトビウオ刺身がうまそうだ。やはりそっちにすればよかった。今夜の居酒屋で頼もう。

市場食堂のあとは近くの喫茶店「チャペック」だ。パイプをくわえて執筆するチェコの作家カレル・チャペックの白黒写真を眺め、明るい広々とした窓辺でおいしいコーヒーを。

ひと休みして歩き始めた尾張町は古い建物がよく残っている。小さなバルコニーを持つエレガントな煉瓦二階建ての「ギャラリー三田」の催しが「明治時代のお皿」とはうれしい。見ていると欲しくなり、雪に埋まる二軒の家を描いた小皿を買った。ここは昭和五年の建物で西洋小間物や洋服を売っていたそうだ。今で言うセレクトショップだろう。すぐ近くの「旧・石川銀行橋場町支店」は、交叉点のカーブに沿った優美な曲面の外観がすばらしい。

そこから道を挟んだ奥が、「泉鏡花記念館」だ。鏡花は明治六年ここ尾張町で生まれ、小説家を目指し十七歳で上京した。記念館には自筆原稿や愛用の煙草盆などが展示され、全集にあった挿絵の初版を見られた。裏の神社「久保市乙剣宮《くぼいちおとつるぎぐう》」に、挿絵を多く手がけた画家・鏑木清方書による鏡花の句碑がたつ。

うつくしや鶯あけの明星に

拝殿脇の小さな藤棚にうす紫の花が咲き始めている。鏡花はこの藤を見ただろうか。〈我が居たる町は、一筋細長く東より西に爪先上りの小路なり〉（『照葉《てりは》狂言』）と書く、「暗がり坂」石段から旧・主計町《かずえまち》料亭街を見おろすあたりは、鏡花の芝居舞台そのままに幻想と浪漫の世界に誘い込む。

二階家の連なる小路を抜けると視界がひろがり、浅野川に出た。犀川の男川に対して浅野川は女川と言われ、この川幅いっぱいのしめやかな流れを見て育った鏡花の作品は、水や水辺が特別な意味を持つという。であれば非才のわが身ながらも、川の描写がこの原稿の勝負どころか。

そんなことを思いながら歩いて行くと、川堤に「浅の川暮色　五木寛之」の碑がある。

川は光った銀色の網を打ったように
小さな白い波を立てて流れ

さすがは文学者、私は引っ込むとしよう。

今いる歩道専用の木橋・中の橋は、鏡花作『化鳥《けちょう》』に、橋の渡し料で生計をたてる母子の物語として登場する。木橋にガス灯の立つ風景は明治そのままに、たもとに柳の緑葉が揺れ、白衣板前の下駄の音がカラコロと鳴り、青い着物に銀の帯、黒い日傘の女性が橋を渡ってゆく。

そこから、三連アーチの浅野川大橋、滝の白糸像のある梅の橋、『義血侠血《ぎけつきょうけつ》』の舞台・天神橋、卯辰山《うたつやま》に近い常盤橋と橋を巡った。

川の対岸は「ひがし茶屋街」だ。精密に復元された茶屋通りも良いけれど、一つ川寄りの、古い商家の並ぶ通りに心惹かれた。「経田屋米穀店《きょうでんやべいこくてん》」の黒塗籠《ぬりごめ》造りと白暖簾の対比、塩・味噌小売り「柴原家」の古風な売り台、「福島三絃店」の三味線胴形の門灯、茶屋裏口の青銅のランタンなどを飽かずに見て歩き、小さなステンドグラスの看板が愛らしい喫茶店「茶房ゴーシュ」で休憩。古民家を改造したカウンターの正面は、曇りガラスで囲われた坪庭で、植えた竹にやわらかく外光が当たる。

「これはたくみな設計ですねえ」

「雨が降るとまたいいんですよ」

なるほど、曇りガラスが濡れて透明になるのだろう。

＊

夕刻になり、そろそろ酒にしよう。金沢の私のお気に入り、片町の「浜長《はまちょう》」へ。植え込みのある割烹だが臆することはない。正面のカウンターに座り、小黒板をじっくり眺めた。さあ旅のひとり酒の始まりだ。

黒板には焼物、蒸物、煮物、酢物などに分け、魚や珍味の字がびっしりと並ぶ。造りは、カツオ、ヒラマサ、真鯛、鯖、サヨリ、岩がき、サザエ等々。目当てのトビウオは残念ながらない。迷いに迷い、地鳥貝と地赤貝にし、ややあって、「イワシも」と追加した。

朱鉢の小さな金網敷きに盛りつけられた刺身のうつくしいことよ。大玉一個を今剥いた赤貝は、格子に飾り包丁された身も、ヒモもワタも、ぴかぴかに濡れて光り、五月に合わせ矢羽根に切った添小笹が爽やかだ。そっとひと口。ヌル味をまとった香り、甘味が鮮烈に口中を満たす。残り香を惜しむように地酒「万歳楽」を含み、次は色黒々とした鳥貝に箸を、手開きのイワシはさらによし。

京都で修業し、二十八年前わずか七、八席から始めたというこの店は、ご主人の覇気と口癖の「承知！」が活気を生み、客の期待と一体になった華やぎがとてもよい。お隣ご夫婦の注文した小コンロ炭火の「若鮎塩焼」があまりにおいしそうで、「真似します」と挨拶して私も頼む。そこから話が弾み、ホロ苦若鮎の絶品の香りにうなずきあった。

金沢には「高砂」「赤玉」など古いおでん屋が多い。古いおでん屋のある町はいい町だ。私はおなじみ、片町「菊一」の暖簾をくぐった。

「お、ひさしぶりすね」

旅先ではこのひと言がうれしい。

「まず豆腐、それと……」。

それからバーもはしごして、いささか飲みすぎた翌日、近江町食堂にトビウオを食べにいったが昼の長蛇の列であきらめた。家に帰り魚屋で買って、土産の皿に盛るとしよう。

境港、煮干しにひかれて妖怪参り

深夜のひとり酒の友は煮干しだ。最高の吟醸酒を煮干しを肴に飲む。これぞ酒飲みのダンディズム、とか言ってるが、まァ安いしな。健康にもいいし。

最近のお気に入りは「サカモトの健康にぼし」だ。袋のコピー「鳥取県境港市の私達が、お客様の健康を考え、真心こめてつくりました」の隣に、白い衛生帽をかぶった生産者、浜田水産の社長さん（？）のまじめそうな顔写真がある。毎晩ほろ酔いでこの人の顔を見ているうちに、知らない境港市にいってみたくなった。

宿からまずは港へ歩いた。畑では真夏の猛暑の陽射しを受けたトマトが、精いっぱい真っ赤に抵抗している。車を停めて大きな松の根方で昼寝中の人もいる。古い商店が点在する通りの先に海が見えた。あそこが港だろうけれど、暑さでへとへとだ。暖簾の出ている「いろは寿司」に飛び込んだ。

クイー……。

冷たいビールが喉仏を上下させ、ようやくひと息。つまみにとった〈にんにゃ〉（しったか貝）は、緑の海藻をびっしりつけた黒い殻が茹でたてで熱く、マチ針を使うと貝肉が肝まできれいにひねり出せてうれしい。港の古い小さな寿司屋に座り、小貝を肴にビールを飲む真夏の昼下がりのひとり酒。うん、いいぞ。

境港は今年マグロが大豊漁で一九九四年記録の一万四千本を大幅に超えたという新聞記事を読んだが、主人によるとついに二万本に達したそうだ。

「景気いいじゃない」

「それが必ずしも、というのが水産業の不思議で」

と笑ったが、その大トロ入りのにぎり寿司がおいしかった。

港の船のもやいに腰をおろすと海風が気持ちよい。停泊している第六八源福丸は、青い船体と喫水線下の赤い形が宇宙戦艦ヤマトのようだ。〈宇井↕境港〉とある小さなフェリーが、三輪自転車のお婆さんをのせて小さくなっていった。

夕方、港の料理屋「峰」に入った。小上がりの障子を開けると、通りのむこうはすぐ海で、視界が開けてたいへんよい。品書には赤丸つきで〈境港水揚げマグロ刺〉とある。これこれ。地酒「千代むすび」の吟醸生酒でさっそく。まぐろ赤身はしなやかで鼻に抜ける香りがいい。さらに〈メバル煮付け〉は鮮度の高いものをたいへん品よく煮てあり堪能した。

港の岸壁からしばし暮れてゆく海を眺めた。ここは中海に通じる境水道で、対岸まで三百メートルと狭く、そこを夜漁の船が出てゆく。船も白波を蹴立てて飛ばす威勢のよいものや、貴婦人のごとくしずしず進むものと、見ていると個性がある。さっきの第六八源福丸が威風堂々と出港して行く。私の隣に男が自転車でやってきて、おもむろに夜釣りの支度を始める。対岸の山を赤く染めた西日も落ち、鳥が翔び始めた。

境港は今や妖怪の町。当地出身の妖怪の大家、漫画家水木しげる氏による町おこしだ。駅から港に通じる「水木しげるロード」の妖怪像は増え続けて八十六体にまでなり観光客を集めているが、いろは寿司主人によると、夜八時をまわると人っ子ひとりいなくなるとか。妖怪を見るならそのほうがふさわしい。今から行ってみよう。

――本当だ。薄暗い提灯の明かりだけが点々と続く古い古いアーケード商店街は、皆戸を閉め、ゴーストタウンのように猫の子一匹いない。いやよく見ると猫はいる。

そこに十メートルおきくらいに、等身大の大きなものから三十センチくらいまでさまざまな妖怪像が曲線を生かした大きな台石に続く。おもちゃっぽいものを想像していたがブロンズの彫刻はたいへんよくできていて、決して子供騙しではないのに感心。では薄気味悪いかというとそこが水木しげる作、「怖いカワイイ」で皆じつに愛敬がある。一つ一つ見ていったが、誰もいない夜の商店街でそんなことをしている私のほうがよほど不気味に違いない。暗くて妖怪名がよく読み取れず、明日じっくり見ることにして、一軒開いている居酒屋「和泉」に入った。

時季の鯵をたたいた〈なめろう〉がおいしい。感じのよい主人によると、商店街の菓子屋「辰巳屋商店」は宝くじも売っており、大阪の人が買って水木しげるロードの「妖怪神社」で願掛けしたところ、なんと十万円当たったそうだ。

「へー、すごい」

「ところが十万円入りの財布を落としてしまったとか」

「あ、ではトータル、ちゃら」

「そうですね、はははははは」

これは妖怪のいたずらに違いない。

＊

翌朝清々しいうちに再び妖怪を見て歩いた。一番気に入ったのは、大きな笠をかぶり、豆腐をのせた盆を持ってうろうろ歩きまわるだけの妖怪「豆腐小僧」だ。菅笠の童子が豆腐をさし出す姿はなんとも愛らしい。妖怪ガイドブックに〈効能＝甘い話に騙されない〉とある。皆がなでるのか豆腐の表面はピカピカだ。ああ、冷奴で朝ご飯食べたいな。

妖怪町おこしはすごいもので、ブロンズ像以外にもさまざまなレリーフやイラスト看板、まんじゅう、せんべいはもちろんのこと、タオル、枕などなんでもある。「境港の八月　霊在月祭《れいありづき》」のキャッチコピー〈春はあけぼの、夏は化けもの〉に笑った。この祭は妖怪オブジェコンクール、妖怪探検ツアー、ゲゲゲの鬼太郎下駄飛ばし大会に、妖怪ジャズフェスティバルもある。

妖怪ショップ「ゲゲゲ」をのぞくと白髪の人が熱心に妖怪のフィギュアを作っている。本人も鬼太郎のように足元は下駄だ。「楽しくて、一日がすぐすぎちゃうんですよ」とはうらやましい。お土産にねずみ男の携帯ストラップを買った。

二〇〇二年三月に開館した「水木しげる記念館」は、今、境港でロケ中の映画『妖怪大戦争』エキストラの集合場所でごった返している。私も映画に出たい。記念館入口のそれらしき関係者（?）の色紙、荒俣宏、京極夏彦、稲川淳二、佐野史郎が雰囲気だ。妖怪とは面白いものだ。水木しげる氏のエネルギッシュな活動に魅せられてしまった。

いってみた「辰巳屋商店」はたいへん古い菓子舗で、全国菓子博覧会の賞状がいくつも飾られている。昔ながらのガラス蓋菓子木箱の赤や青のゼリービーンズが懐かしい。

「昔はみんな量り売りでしたよ」

店のお母さんの言葉どおりだ。紙袋に入れて端をクルクルッとまわしてくれたものだ。いただいた朝の牛乳がおいしい。ここが十万円当たりくじの出たところだが、なんとなんと、一億五千万を始め一千万、百万も出ている。これは買わねばなるまい。私も一等三億円のサマージャンボ一枚三百円を五枚買った。

廃材の鳥居も奇怪な妖怪神社の御神体は二本の石柱だ。〈妖怪神社ご利益第一弾年末ジャンボ、ナンバーズ3当選御礼〉の札も見える。

私は作法どおり二礼二拍一礼ののち、宝くじ五枚を御神体にぴたぴたとこすりつけた。ふと、後ろから豆腐小僧が囁いたような気がした。

家に帰り、数日後サマージャンボの抽選発表があった。

なんと！　五枚買ったうちの一枚は、夏ラッキー賞一万円であった。

広島の鯛の鯛と、フランス文学

瀬戸の花嫁。瀬戸内は胸ふくらむ春の空気を感じる。春を求めて広島にやってきた。広島最大の繁華街、流川通りは賑わっている。ビル地下の白壁をぶち破った穴を潜って入る居酒屋「なわない」は、古材の梁や古簞笥が仲間の溜まり場のようなくつろいだ空気を醸している。ひとり酒の私はカウンターに席を取った。

地酒「龍勢《りゅうせい》・超軟水」のお燗は、浮世絵遊女のなよなよした柳腰のようにしなやかだ。銀肌がきらりと光る瀬戸内名物の小イワシは「七度《ななたび》洗えば鯛の味」。純真な風味は瀬戸内の乙女か。

「鮮度が命、今日のはどうかな」

話しかけてきたオーナーの佐々木正幸さんは、機械工学を専攻し三菱造船に入ったが、生来縛られるのが嫌な性格で、横浜で広告代理店に勤めたり、大阪で看板屋をやったり、見世物小屋を持って全国を回ったりしてきたそうだ。その笑顔は稚気と客気にあふれ、魅力がある。

皿からはみ出さんばかりの大きな〈鯛の骨蒸し〉に目を見張った。網目模様の肌も美しく、品格のある華やかな味はさすがは瀬戸内の殿様だ。唇のもちもちしたところ、目玉まわりのゼラチンがうまい。夢中になって硬い骨を口から出して山を作ると、最後に「鯛の鯛」をきれいに取り出してくれた。昔の料理屋はよくこれを客に持たせたそうで、私も記念にもらうとしよう。広島菜と熱々ご飯を広島海苔で巻いた〈江波《えば》巻《まき》〉は、最後は必ず食べたくなるという〝なわない不動のシメ〟。腹にぐんとおさまり、たいへん結構でした。

うーい。佐々木さんに連れられ、太田川を渡った居酒屋「九太呂《くたろ》」に入った。

ご飯のようにぎっしり卵が詰まった〈飯蛸煮〉がうまい。これが出まわると瀬戸内は春だ。カウンターに隣り合ったグループの一人が佐々木さんに声をかけてきた。

「できたわよ、ちょっと聞いてくれる?」とその人が歌い出した「ひろしま応援歌」は元気がわくような弾むテンポがいい。

一九九五年、広島の劇作家、故・土屋清さんは、被爆五十年の節目に市民参加による演劇上演を構想し、でき上がった『天神町一番地　広島・あの頃・消えた町』は、満席のうえに立ち見も出る大成功をおさめた。その実行本部となったのがこの居酒屋

「九太呂」で、その後も仲間の集う場所となっているそうだ。

五年前上演した『バラック』の劇中に登場した楽団「広島ちんどん倶楽部」はやがて独り歩きして人気が出た。ならば一生に一回だけの自主製作CDを作ろう、それなら愛する広島を元気づける歌にしようと作ったのがこの「ひろしま応援歌」と言う。

今歌ったのは作詞の池田正彦さんと、土屋清さんの奥様で公演に力をつくした土屋時子さんだ。自称広島ちんどん倶楽部ボーカル担当（と笑う）時子さんの若々しい歌声がいい。歌詞はチンチン電車、お好み焼きなど広島名物を謳い、最後に歴史への思いを込めている。

「（CDは）ここに子供のコーラスを入れようと思うの」

それはジョン・レノンの「ハッピー・クリスマス」のように効果を上げることだろう。広島女学院大学で「ヒロシマ講座」を持つ時子さんは、「広島の文化は途切れず続いていることを伝えたいんです」と話す。

心映す　川辺の柳
人恋しさの　ほろにがく
めぐりあいのときを
街は　つつんでいた――

歌ってくれた「天神町一番地主題歌」のノスタルジックなメロディが私の胸にしみ込んでいった。

＊

翌日ゆっくり起きて熱いシャワーを浴びた。きのうはよく飲んだが気分は爽快だ。あれからひとりで薬研堀《やげんぼり》通りの小さなワインバー「リュミエール」に入った。開店二年目の雰囲気にまだ若いマスターが初々しく、奨められた白ブドウジュースにブランデーを合わせたルビー色の一杯がしめくくりの寝酒になった。

さて、と。ぶらりとやってきた金座街アーケードに「アカデミイ書店」という古書店があった。階段にまでぎっしり詰まる古書はアカデミックなものが多い。二階隅に大正・昭和初期の海外文学翻訳書が並んでいる。アンリ・バリュビュス著『クラルテ』（大正十二年・叢文閣）に〈初版本　少々線引アリ　細田民樹本人記名アリ〉の付箋、右上の昭和十五年の児童文学書にも〈細田民樹宛献書名入　初版〉の付箋がつく。このあたりはこの人の蔵書だったのかもしれない。レジで尋ねると調べてくれた。

細田民樹（一八九二～一九七二）は東京に生まれ、幼きより広島に育ち、広島県立一中から早稲田大学に進み小説を発表。広津和郎らとともに早稲田派の新人と目された。第二次大戦激化とともに広島へもどり、昭和二十四年まで広島の文学発展につくした。代表作に『眞理の春』など——。

外ははや夕方になり、急いで呉線に乗った。友人に聞いていた呉の居酒屋「どん底」は通りから一歩退いた重厚な構えだ。樹齢六百年の欅の大カウンター、高い天井、赤じゅうたんの床と、民芸調をベースにした文化の香りのする店内だ。昭和二十八年開店、この内装は四十五年に完成し、亡くなられたご主人はカウンターに座り、「いい店ができた」としみじみと呟いたという。

「ちょうど、今座っておられる席です」

白割烹着のおかみさんは御年七十五というが、背筋も口調もしゃんとして人徳を感じさせる。おつゆたっぷりのおでん大根がおいしい。

ソファの並ぶ右奥別室の書棚にはずらりと本が並び、文豪の応接間のようだ。ご主人は本を愛し、広島図書館でも買えない本をそろえた。「毎月の本代でもいつもケンカでした」とおかみさんは笑った。

広島に戻り今日もなわないに座った。閉店時間も近く佐々木さんもいない。広島の酒に新しい力強さを与えた「小笹屋竹鶴」のお燗に、「いいものが残ってます」と焼いてくれたふぐの白子がうまい。

「広島は奥が深いよ」と話しかける私に、板前がにっこりと応える。広島は奥が深かった。広島の文化は戦火を超えて脈々と続いていた。

＊

東京に帰り、アカデミイ書店で買った、ポオル・モオラン著／堀口大學譯『現代仏蘭西文学叢書9　夜とざす』（大正十四年刊・新潮社）を開いた。これが私の広島みやげ。

〈私が乗った母衣馬車型の急行昇降機は、一息に私を、十六階に持ち上げて呉れた。そこから出ると……〉

和歌山、アロチのジャックローズ

頬に秋風を感じると旅に出たくなる。紅葉にはまだ早いが、どこかのんびりした城下町がいいなと思案し、いつか訪れた和歌山を思い出した。市の中心、虎伏山《とらふすやま》頂上のこんもりと重なる緑の大樹から、和歌山城天守閣が秋空高く抜き出ている。紀州和歌山は水戸、尾張と並ぶ徳川御三家のひとつ。聞こえてきたお昼のチャイムは、幼き日に聞いた童謡「鞠と殿様」のメロディだ。

〽てんてん手鞠　てん手鞠
てんてん手鞠の　手がそれて……

参勤交代で紀州にむかう大名行列に、女の子の撞きそこなった鞠が紛れ込み、殿様はそのままその鞠を紀州まで持っていったという詞は、私の子供心にものどかで華麗な城下を思わせた。

桶屋町、鍛冶屋町、舟大工町、鷹匠町、釘貫丁、屏風丁、元町奉行丁。昔のままの町名が、和歌山が今も城下町であることをわからせる。道場町からはヤットウにはげむ少年剣士の勇ましい掛け声が聞こえてきそうだ。

黒板張りの日本酒蔵元「雑賀《さいか》豊吉商店」は秋の陽を穏やかに浴びている。何年か前、日本酒のラベルデザインを頼まれた私が訪ねたのもこの頃だ。蔵元から「雑賀」とは、戦国時代にいち早く鉄砲を用い、織田信長の軍勢を破った雑賀党の裔《すえ》であると聞いた。一か月後に提出した、旗指物をイメージに制作したデザインは喜ばれ、ホッとした思い出がある。挨拶をすませ、「まあ一つ」と奨められた純米吟醸は清々しさに色気が加わり、娘十六、しなやかな艶がすばらしかった。

堀端に建つホテル「和歌山東急イン」は、部屋からの城の眺めがすばらしく、夜のライトアップが楽しみだ。昼酒に少し酔い、そのまま昼寝となった。

夜の巻となり、向かったのは繁華街「ぶらくり丁」だ。「ぶらくり」とは「ぶら下げる」の意で、かつてこの一丁界隈で着物などをぶら下げて売っていたことによるという。

魚居酒屋「千里十里《ちりとり》」はその真ん中。以前に来たとき紀伊水道朝獲れの魚の実力をこの店で知った。ピンと堅く締まった活け鯖刺身のすばらしかったこと。

長大なカウンターの長大なガラスケースに魚が詰まり、長大に品書き札が続く。さて本日は……、やっぱりこれかな。

「天然加太《かだ》の鯛造り、ください」

「へい！」

待ってましたの返事。加太沖は明石と並ぶ天然鯛の漁場で、地元漁師はつねに密漁見張船を出しているそうだ。今、活け〆にした鯛は半身に切られてもまだビビと動いている。皮をかすかに焦がした焼霜造りの刺身が、鯛の透明感のある甘味に風味をつけ、赤と白銀に皮を剥いた腹身はコリッと脂がのっている。合わせる地酒「黒牛」がぴったり。これぞ旅先のひとり酒と悦に入っていると、一つ隣に作業着に長靴の男が座った。地元の人は何を注文するかに興味がわく。

「あなご天、よく揚げ」なるほど。

「鯛の子の炊いたん、ある？」なるほど。

「あと、いかの姿焼き。小皿にマヨネーズ」なーるほど。

刺身なんかとらないんだ。塩で食べている「あなご天、よく揚げ」のうまそうなこと。するめいかの姿焼きは丸々太って、ぷうんといい匂いが伝わってくる。いや、勉強になりました。

続いて今回の目的「世界一統酒場」にやってきた。南海電鉄「和歌山市駅」前のややうらぶれたローカルな感じに、ぼうっと光をもらす紺暖簾がいい。

カウンターと机。なんの飾りもない質素な店内に、俳優座や民芸の名役者の色紙がいくつか。皆様、店の好みがシブイ。

　皿に魚のみ、味つけは醬油と砂糖ほんのちょっとだけという、ハゲ（かわはぎ）煮つけのなんといううまさ！　夢中で食べ終えて感嘆の声を上げると、煮方のおばさんがにっこり笑った。店はおばさん二人だけ。飾り気はないが手抜きもない仕事、気さくな人柄、最も安心できる旅先の居酒屋だ。これも人気なのよ、という上品な味つけの肉じゃがも絶品だ。また名酒場を見つけた。

和歌山地酒「世界一統」はすっきり明快で飲みやすい。和歌山の生んだ世界的大学者・南方熊楠《みなかたくまぐす》は慶応三年（一八六七）この酒蔵の長男として生まれ学問の道に進み、弟が蔵を継いだ。「世界一統」という気宇壮大な名は日露戦争勝利にわく明治四十年、当地を訪れた大隈重信がつけたという。おばさんに教わった近くの駐車場角にぽつんと、謹厳にぎょろ目を向いた熊楠の胸像があった。

＊

再び駅前に戻ると街角のバー「Ｃｏｒｏｔ《コロー》」の小さな灯がしゃれている。コローはフランスの風景画家だ。入ると、壁から天井に一面に続くゴブラン織りの鮮やかなワインレッドに圧倒された。京都・川島織物の特注品という。

「貼り替えるのが、またたいへんなのよ」

カウンターにもう四十三年というママさんは、ちゃきちゃきいまだ健在で、感心したり笑ったりの一代記にハイボールがぐいぐいすすんだ。

和歌山で有名なのは今や和歌山ラーメンだ。これ食べとかないとな、と市内一の繁華街柳通りのアロチに向う。アロチとは「新地」のこと。和歌山は不思議な読みが多い。「本家アロチ丸髙」はとんこつ醬油味だ。机に置かれた、セルフスタイルの鯖の早寿司一個百円が和歌山ラーメン店のお約束。遅い時間に、ちょいとひと腹と次々に客が来てさらりと食べてゆく。

さあて仕上げはここから近いバー「テンダー」だ。訪ねるのは今回で三度目。ウィーンの古いバーのようなエレガントなたたずまいに私はすっかり魅せられた。

「太田さん、おひさしぶりです」

襟つきベストが小太りの体にぴったり決まるマスターが、にこやかに迎えてくれる。

「ジャックローズをお願いします」

得たり、とマスターがにっこり笑う。りんごブランデー・カルバドスとざくろのシロップ・グレナデンの〈ジャックローズ〉は私の秋一番のカクテルだ。マスターがきりきりと新しいカルバドスの封を切る。やがて優美なカクテルグラスに鮮紅の酒が注がれ、ほのかな白い泡からざくろの甘い香りがただよう。

「どうぞ」

食欲の秋。おいしい店、古い店、しゃれた店。徳川御三家の城下町は人を楽しませる豊かな味があった。

秋の和歌山に乾杯。私はグラスをそっと口に近づけた。

富山の昆布〆と、未亡人の夢

春すぎて夏来にけらし白妙の……。水よし、酒よし、魚よし。天の香具山ならぬ、残雪白妙の富山にひとり旅に来た。まずはなじみの居酒屋「親爺」へ。

「こんちは」

「お、いらっしゃい」

突然現れて主人は驚いたようだ。驚かそうとやって来たんだよー。温かいコップ酒をキューっとかけつけ一杯。

さあて、湯気を上げるおでん槽に浮かぶカニ面＝香箱ガニ＝ズワイガニのメスの身をほぐして甲羅に詰めたもの、もいいが、富山湾キトキトの生魚も魅力で、深海の地魚ゲンゲのすまし汁も絶品だ。しかし今ならやはり本場のホタルイカかな。

「その昆布〆がありますよ」

おお、それはよさそうだ。北海道の昆布を関西に運ぶ北前船の寄港地富山は昆布〆王国だ。ラップに包まれた幅広の昆布をねっとりと開くと、ワタと骨を抜いた生ホタルイカが、胴と足に分かれ行儀よく並んでいる。おろし生姜がちょんとのせられ、さあどうぞと手元に届いた。新鮮可憐な生ホタルイカに昆布の重厚な旨味が重なり、あたかも北陸路を落ち行く義経弁慶主従の如し。酒に合うこと合うこと。

「これはまさに富山の美味の神髄だねー」

「ははは、どうも」

午後四時開店のこの居酒屋は、駅前の何でもない大衆酒場ながら、二代目の現主人になってからでもすでに四十年という老舗だ。「ようやく店名の〝親爺〟になってきましたよ」と塩辛声で笑う白髪まじり短髪の渋い風格がいい。神棚に青々と榊が上がり、福助と招き猫が並ぶ。常連客同士が挨拶して座り、夕刊を読みながらのひとり客もいる。こういう店で一杯やるのが旅のひとり酒の醍醐味だ。

駅前のこのあたりはその名も桜町。市内を貫流する松川の両岸は遅い桜が満開で、花びらの浮く川面を花見客の小舟が静かに滑っていた。

「親爺」を出てぶらぶらと、「バー白馬舘」の階段を上がった。ハードシェイクされたテキーラとパインジュースのカクテル〈マタドール〉は細かに泡立ちおいしい。

「この泡をたてたくて、激しくふるんです」と言う黒上着の内田さんは、キューバの世界大会で準優勝した実力派バーテンダーだ。見守るクリーム色ジャケットの似合う老練マスターの父によれば白馬舘の歴史は古く、昭和二十九年までは東京銀座にあったそうだ。

隣に座った紳士が注文した。

「この間のアレ」

「未亡人の夢、ですね」

すごい名前のカクテルだ。見ていると、甘い薬酒ベネディクティン・ドムに生卵を入れたらしきものが差し出された。

「うまい」

ごくり。私の喉も鳴った。

＊

翌朝の晴れ渡った空が美しい。〈未亡人の夢〉は結局注文しそびれた。いかにも真似だもんな。

「富山城址公園」は、濠石垣上の黒瓦白壁の隅櫓を満開の桜が囲み、青空を背に美しい。そこから市民プラザ前の広々とした遊歩道・大手モールをいくと中華そばの「末弘軒」がある。昭和六年に屋台から始め、十一年にここに店を構え、柳の木があったことから「柳の下」の通称がついた店に十数年ぶりに来た。昼前なのに家族連れがどんどん入ってゆく。地方の町には地元に愛されている旧い中華そば屋が一軒はあるが、ここもそうだ。名物手打ワンタンメンは懐かしい味がした。

あてもなく歩くうち、耳に聴こえる音色につられ「日枝神社」に入った。森閑とした境内に縹渺《ひょうびょう》と雅楽横笛の音が流れる。

脇の木立に大きな自然石の「針の碑」というものが建っている。〈おそれおおくもかしこくも衣縫の太神と申し奉るに……〉と難しい文があって、〈針への感謝と針技上達の祈りをこめて……〉と結び、富山県和裁縫組合と記される。こつこつと努力すると言われる富山県人の一端を見たようだ。

さらに歩き、「越中反魂丹」と右書きの看板が上がるなまこ壁の薬舗「池田屋安兵衛老舗」で反魂丹を買った。黒い小粒のこれは二日酔いには最強だ。第二代富山藩主・前田正甫《まさとし》は藩の主要産業として「先用後利」という薬の配置販売方式を生みだし、「富山の薬売り」は日本中を行商するようになった。富山駅前には柳行李を背負い国を出る父を、土産の紙風船を手に見送る子供の像が建っている。富山の家庭薬は「アスナオール」「ほがらか」など解かりやすい名前が特徴で、うっとりするような美人イラストも魅力だ。効能よりもお守り用に美人のをいくつか買った。「先用後利」「女難防止」。転ばぬ先の杖だ。

新富町の銭湯「観音湯」は大鶴が両翼をひろげたような瓦屋根の切妻白壁に、赤い浮き出しの温泉マークが鮮やかだ。空いている昼の風呂の高い天井にコーンと桶の音が響く。桶はもちろん黄色のケロリン。タイル絵の、雪の立山連峰から流れ来る清冽な小川は、そのまま湯船に流れ込んで来るようだ。建物は昭和二十五年高山の宮大工の普請、番台上の祠の観音様ゆえに観音湯と、番台に座るおばさんから教わった。

さあて今夜も出陣。観音湯のすぐ前の居酒屋「あら川」へ。

「こんちは」

「お、いらっしゃい」

先代主人は数年前亡くなられたと聞いていた。店内に飾られた写真の頑固ななかに温かみのある顔が懐かしい。店を継いだ男盛りの二代目はセクシーな魅力がある。樽から汲んだ名酒「満寿泉」はしっかり味がのり、しかも水の旨さを感じる。立山の雪解け水が富山の酒を引きたてているのだ。

カウンター上にぶらさがる荒縄に差した、いろんな魚や魚の卵、内臓の風干しが楽しい。

「これは何？」

「鯛の子のカラスミです。切ってみますか」

その味は高貴にして濃醇。平たく作っていないので、丸い中心部はしっとりしてむせかえるようだ。満寿泉の実力がますます生きてくる。

「昆布〆、何かいきますか」

私の昆布〆好きを知っている。変わったところでと出されたのはなんと「鶏のささみの昆布〆」。スライスした断面は半透明に赤く、ねっとりと昆布の旨味がしみて酒がもう止まらない。

「あら川」を出てたどり着いたのはジャズの流れるバー「ジェリコの戦い」だ。髪を後ろに束ねた若く爽やかな長身のマスターは、腕を思いきり前に伸ばしたシェイキングポーズがたいへん絵になる。

……ふう。冷たいギムレットがうまい。富山ひとり旅も終点に来た。

渋い風格の「親爺」主人、男盛りの「あら川」二代目。若く爽やかな「ジェリコの戦い」マスター。富山にはいい男たちがいた。

〈未亡人の夢〉も出るわけだなー。

博多山笠、ラストダンスは私に

地下鉄・中洲川端駅を上がると、「博多座」の堂々たるクラシックな正面玄関に出た。大階段を奥にした左右の石柱に真っ赤な大提灯がふた張り。山笠かつぎの腰に欠かせない舁《か》き縄を図案化したようなマークが博多らしい。

前の舗道には巨大な「飾り山」が大天幕に守られて立つ。高さおよそ十メートル。標題は九月の博多座大歌舞伎公演にちなみ「三人吉三《さんにんきちさ》巴白浪《ともえのしらなみ》」だ。毎年七月一日から十五日、博多は山笠一色に染まる。その気運高まる町にやってきた。

隣の中洲は、ご存じ九州一の歓楽街だ。「六番中洲流《ながれ》」の飾り山は「源平壇ノ浦決戦」。見張り番の長法被は「流」により柄が異なり、手拭《てのごい》で序列がはっきりわかる。人望、度胸ともに認められたリーダーのみが持てる赤手拭は博多男児の憧れだ。市内いたるところ「山笠のため駐車禁止」と張り紙され、幔幕をまわした詰め所は「関係者以外立ち入るべからず」の大立札がにらみをきかす。〈山笠のため〉は天下御免の金看板らしい。

中洲の古い飲み屋街の風情を残す人形小路にあると思った居酒屋「なゝ草」が見当たらない。同業の方に尋ねるのはちょっとと思ったが、居酒屋「浅草」のご主人はわざわざ出てきて、那珂川の対岸を指さし教えてくれた。「なゝ草とは仲いいけん」のひと言がうれしかった。

夕方、大名の居酒屋「寺田屋」の引き戸を開け、靴をぬいだ。戦前の長屋を改造した店は小さいゆえに落ち着く。兄貴と呼びたい若主人は目元の爽やかな生粋の博多っ子だ。軽く焼いた有明海の貝〈揚巻〉は身がふっくらしてとてもおいしい。ぬっと突き出た二本の水管を、歌舞伎に登場する吉原の花魁・揚巻の裸の二本足が布団から出ている姿に見たて、この名がついた。

「……という説がある」

「はぁー?」

私の講釈にほんまかいなという顔だ。ウケないので山笠に話を変えるとのってきた。

「山のぼせ、と言って六月頃から何もかも放り出してますよ」

しばらく会社を休むのは当たり前。昔は学校も休みで〝農家の田植え稲刈りの休みと同じ〟なのだそうだ。普段は死んでいるような商店の親父が、長法被を許される六月から生き返ったように颯爽となり、仕事も家も全てを投げ出して山笠に没頭。その頃は商店も飲食店も店主の姿は消え、「今主人は山笠やけん（おらん）」と言うと納得される。いないのは祭の準備だが「まあ毎晩飲み会」で、ぼちぼち連日の酔いつぶれで長法被姿で道端に寝ているのが目立ってきたそうだ。そして七月十五日がすぎると、再びまったく目立たぬ人にもどる。

大名の「オスカー」は、私が勤めていた銀座資生堂にあったバー「ロオジエ」で修業した長友さんが独立して開いたバーだ。今年で九年目。ノーブルなマスクに雰囲気はますます洗練されてきたが、シェイカーを持つと一転、猛烈なハードシェイクが鳴り響き、ガシャリとふり切る。差しだされたのは毎年開店記念日に作り続けているアニバーサリーカクテルの最新作だ。

「ナンバー8です。前はナンバー6をお飲みになりました」

テーマは「幸福感」。何気なく始めたナンバーズカクテルだけれど、この頃は素直に一年間のイメージを表現するようになったという。きっとよい一年だったのだろう。バカルディラムにグレープフルーツリキュールがごく淡い黄色を作り、底にレッドチェリーが沈む。幸福とはこういう味か。淡い酔いが体を包んでゆく。

次は、その「オスカー」にいた新谷さんがチーフで開いた新店「パルムドール」にご挨拶。こちらはぐっと渋いウッディな英国調で、超幅広のカウンターは店へ入れるのに大騒ぎしたそうだ。

「私は太田さんに一杯作ったことがあります」

それは憶えている。オスカーでだった。では二杯目を頼もう。

再び中洲川端駅を上がると、交差点を裸の尻に締め込みの一大集団が「オイサ、オイサ」の掛け声とともに、猛烈に駆け抜けてゆく光景に出くわした。車は皆その場で臨時停止だ。まさに傍若無人。老人と壮年、子供も、はやる熱気を抑えかねている。

夜も更けて入った中洲人形小路の居酒屋「一富」で年配のおかみさんと話し込んだ。長谷川一夫の色紙がある。「長谷川先生は私の仲人です」と聞き驚いた。奥様の身のまわりのお世話をしていた縁という。博多は芸事の町なのだった。

＊

翌日の昼、中洲の古い構えの鰻屋「柳川屋」に入った。〈博多風櫃まぶし〉は一杯目は鰻とご飯をまぜて、二杯目は辛子明太子ときざみ大葉をまぶし、三杯目は茶漬にする。その二杯目が強引なうまさでなかなかいける。もつ鍋、豚骨ラーメン、博多名物は皆、強引なうまさで全国区になった。

そのまま上川端通りへ。飾り山「頼政射止怪獣鵺《よりまさかいじゅうぬえをいとめる》」は迫力がある。長法被姿に草履か下駄、祭支度の男たちが通りを普通に歩いているのはなかなかよいものだ。肩と胸だけの水法被に締め込みもいる。山笠は男たちの裸の尻の饗宴だ。土井流《ながれ》の舁《か》き山に若手が十数人集まり、今日夕方の「お汐井取り」の段取りをしている。「人が出たら、隆太、佐藤、お前ゆけ」。赤手拭のリーダーが頼もしく、長法被に地下足袋の中学生らしきも真剣に聞いているのがいい。

商店街の端で若い女性が二人、似顔絵描きをしていた。一枚八百円。旅の記念にお願いすると、私の顔と色紙に交互に目をやり描き始めた。

「美大かなんか行ってるの？」

「専門学校でデザインを勉強してます」

しばらく沈黙のあと、尋ねられた。

「お仕事は何ですか？」

「大学でデザインを教えています」

途端に筆が揺れたような。描き上がった絵には中年男の哀愁が漂っていた。

山笠総鎮守・櫛田神社は無数の行灯がぐるりと取り巻き、大幟旗、竿提灯がたち、すっかり祭支度が整っていた。最終十五日未明の「追い山」は、神社前に集結した総勢七つの流が、四時五十九分の太鼓で櫛田入りし、境内を一周して猛スピードで博多の町に飛び出してゆく山笠のクライマックスだ。境内は桟敷席がぎっしり組まれ、掃き清められた地面には赤い「清道旗」が静かにたつ。まさに嵐の前の静けさだった。

＊

夕方、西中洲「なゝ草」のカウンターに座った。女性ばかりの店内はセンスよく、那珂川の夜景がすばらしい。〈イワシの山椒煮〉はじっくり煮られてよい味だ。

「浅草のご主人がここを教えてくれたんですよ」

「あら、てっちゃんが？」

若女将の顔がほころんだ。てっちゃんは彼女の〝料理の駆け込み寺〟だそうで、調理師学校の卒業料理のときも相談にのってもらい、賞を取ったそうだ。

――「そうなんだってね」。その足で「浅草」にいき主人に話すと「いやあ」と照れた。「なゝ草とは仲いいけん」のひと言がよみがえる。

山笠の話になりカウンターの客を紹介された。その方によると、山笠は十一日早朝の「祝儀山」がいい。この時だけは白無地の水法被に威儀を正し、舁き山を舁いて流の町内を祓い浄めてゆく。その年亡くなった人のいる家では舁き山を正面に向け、「祝いめでた」を唱和し、手一本を入れる。家は故人の写真を持ち、迎える。

「これは神事です、これが山笠です」

豪快な追い山ばかりが有名だが、山笠は本来、流に結束する町内の浄めの神事なのだと語る言葉に、私は気持ちの澄んでくるものを感じた。

古いバー「いしばし」のミント葉を添えたジントニックがうまい。開店四十年、白髪、白ひげのマスターはバーテンダー歴五十年になるという。

「引退を考えましたが、この間の地震で瓶が一本も割れなかったのを見て、これはもっと続けろということだろうと思いまして」

もう、一生やります、と笑う顔がいい。

博多は楽しかった。追い山は二十年ほど前に一度見たことがある。そのときはそれしか見なかった。今回は見ずに帰るが、熱気高まる町を歩き、私は山笠を深く見たように思った。

那珂川にかかる春吉橋のたもとで、黒ずくめの男がテナーサックスを吹いている。曲は「ラストダンスは私に」だ。

祭りのはてのラストダンス。帽子にお金を入れると、彼は演奏しながら頭をさげた。

「ひとり旅・ひとり酒」(『西の旅』二〇〇四年〜二〇〇五年)

信州そばの伝統に、新しき風

私は高校生まで信州で育った。父の実家は松本だが、学校教師のため県内各地を転任し、松本で暮らすことはなかった。赴任地は山深い山村ばかりで、年一度、夏休みの盆に帰る松本は商店や食堂も沢山ある大都会に見えた。

ある年の夏休みの午後。父は私を連れて松本のそば屋に入り、生ビールの大きなジョッキをうまそうに傾け、じっと見つめる子供の私にいたずらっぽく「飲むか」と聞いた。「うん」と張り切って答えたものの、「苦い」とたちまち口を離し父は笑った。父のとってくれたかけそばを食べ終えた私に、父は自分のもりそばを「少し食べてもいいぞ」と差し出した。四角のせいろに盛られた冷たいそばをひと箸たぐるとスノコが敷かれ、その下は何もなく、これは上げ底ではないかと思った。

松本市内を流れる女鳥羽川の、中の橋たもとに明治十年創業の「弁天本店」がある。

故郷松本のそば取材に誘われ、長く信州を離れている私は、店の選択は同行編集者にお任せしたが、一軒、弁天本店に寄りたいとお願いした。父に連れられて入った店だ。松本から東京に出たあとも帰省すると弁天は常に寄った。そば通の友人から「今は〇〇がうまい」と聞いても、私はまずここに入らずにはいられない。

戦災に遭わなかった松本は古い商家が残り、「辨天楼」と額の上がる、なまこ壁、瓦屋根二層の建物は大正十年の築だ。玄関を開け、ぷんとくる天ぷら油の匂いに「ああ弁天だ」と顔がほころんだ。舟天井、丸柱、波板ガラス窓の目隠し布など何も変わらない。ご主人に「私の実家は東町で」と自己紹介すると「太田作太郎さんとこかい」と尋ねられた。その人は祖父の弟、父の叔父だ。説明すると「ああわかった」と笑った。父の実家を知っていた。

弁天のある縄手通りは露店の並ぶ松本の古い盛り場だ。腕のよい金工師だった祖父は職人気質の風流好みで、夕方仕事を終え早夕飯をすませると、一人で夜の縄手をぶらぶらするのが日課だったという。私は祖父の気質を伝えていると感じている。明治生まれの祖父もこの辦天楼に寄ったに違いない。

かけそばをしみじみ味わった。平打ちでぽそぽそ切れるのが信州そばの特徴だ。信州人にとってのそばは、食堂で最も安く手軽に腹を満たせる食事だ。もり一人前はせいろ二枚が届き、量を食べる。薬味は葱と大根おろし。松本一本葱という猛烈に辛い葱と、信州伊那特産のねずみ大根という超辛大根を使うのが本格だ。

上京して入った東京のそば屋で、薬味にわさびがついてきたのに驚いた。松本はわさびの生産地だがそばの薬味には使わない。弁天のショーケースには「もりそばの薬味には、わさびがつきません」と掲示してある。今でも私はわさびは使わない。

東京で信州そばに近いなと思ったのは、荻窪「本むら庵」の平打ち・ぽそ切れタイプだ。初めてここに入ったとき、懐かしくなり大根おろしをもらった。

逆に、これが江戸前そばかと知ったのが浅草「並木藪」だ。端正な細角打ちを、返しざるに少量盛り、端につゆをちょいとつけ、さらさらっとたぐり、さっと箸をおく。もぐもぐ噛んだりしない。うなったのはつゆの濃さと旨味だ。信州のつゆは薄く、じゃぶじゃぶとひたして食べる。落語の「通はちょいとひたして」は、この濃く旨いつゆなればと実感し、つゆは東京の洗練に到底かなわないと思った。私は自分が東京に慣れてゆくに従い、信州そばよりも、洗練された江戸前そばのほうが好きになっていった。

次に訪ねた、松本から北の麻績《おみ》村はたまたま、父が小学校長をして一家が住んでいた所で、私はここの中学を出て汽車（SLです）で四〇分かけて松本の高校に通学していた。最近できたという高台のそば屋「風来坊」はまことに眺めがよく、十数年ぶりに訪れた地は、高速道路以外はあまり変わっていないようだ。

風来坊ご主人は、長く松本で高級割烹を営み、六十歳を機に、これからは郷土に根ざしたものをとそば屋を始めた。麻績村に転入届を出すとき、地元の勉強でもするかと大部の麻績村史を読み始めたところ面白く、この地に愛着がわいたという。

その村史は私の父がまとめたものだ。父は退職後、郷土史の研究を始め、麻績村が村史を編むにあたり、旧知の村長から依頼され八年かけて完成した。「読まれる村史でなければ意味がない」が父の口癖だったので、この言葉はうれしかった。

雪のように白い更科そばは清冽このうえなく、自家製粉の田舎そばは「コクがあるのにキレがある」。つゆはかなり濃い。

「大久保醸造の甘露醤油、これでなきゃだめ」

力強い断言に私は膝を打った。松本の大久保醸造店こそは、私が常に取り寄せ、愛用している缶入りそばつゆの製造元だ。一缶三百八十円と高いが、そこらのそば屋のつゆは足元にも及ばないものだ。

「信州そばは食事だから、粉をいかに歩留まりよく使うかを考え、江戸前は粋につるつる感を楽しむんですね」

信州田舎そばを残しながら、現代のそばに求められるものを取り入れたいと語るご主人は、そばもまた割烹で培った自分の料理観の表現としているようだった。

翌日、松本中町の人気店「野麦」で、じっくりそば打ちを見せてもらった。漬物用の大甕を床に置き、たくましい腕に体重をのせ、十二人前を瞬く間にまとめ、肩で息をしている。力をかけることでグルテンができるそうだ。のし台の二倍、畳一畳より大きく伸ばしたのを四つにたたみ、切りに入った。たいへん細く、どれだけ細切りしてもつながるコシが必要という。

二十秒茹で、すかさず冷水にさらしたもりそばは、つゆをからめ、細切りのため空気をたっぷり含んで軽く、香りが豊かにたつ。「そうなんです、そのための細切りです」とご主人が笑った。力強く作り、繊細に食べさせる。薬味は葱、大根おろし、わさび。ここも醬油は大久保醸造店だ。そば粉は辰野町の畑で年間分すべてをまかなえるようになった。野麦の一人前は信州伝統で多いが、これを八人前たいらげた剛の者がいたそうだ。

さてもう一軒、郊外山手の浅間温泉にむかった。私はそこに小学四年までいた。カメラマン氏運転の車は、どんどん記憶のある方向に近づいてゆき私は興奮した。到着した「楽座」は、私の一家の住んでいた教員住宅のあった所から百メートルと離れていない。このあたりは昔は畑だったと思う。

すらりとしたそばは、大変きれいな印象のつゆと相まって、そば・つゆのまとまりが洗練され、店の常連氏が「純文学的すぎない、きわめてまっとうなそば」と評する通りだ。薬味葱が青葱なのは、ご主人が関西時代に麵類は絶対青葱が合うと確信したからだという。ここも醬油は大久保醸造店で寄せる信頼は絶大だ。「松本で誇れるのは民芸家具と、大久保醸造と、オレのそば。ウアッハッハッハ」。シャイの照れ隠しに大声で笑う好漢がいた。

そばはシンプルなだけに差がくっきり現れる。懐かしい老舗のあと訪れた三軒は、どこも信州そばに自分流を重ねてそばを打ち、私にはそれぞれの考えの違いが面白く、すべて大変おいしかった。食事代わりの信州そばも、そば職人の個性を楽しむ時代になっていた。

新緑の風薫る五月から初夏の信州はすばらしい。また雪の舞う寒い冬の日にふうふう吹いて食べる熱々のかけそばも格別だ。昔変わらぬ味、気鋭の店、故郷においしいそば屋のある幸せをかみしめた。

昨年の暮に父は他界した。信州は冠婚葬祭にそばがつきものだ。父の葬儀のあとの直会《なおらい》も最後はそばだったが、会葬者が予定席数を上まわり、親族のそばはそちらにまわされ、私はそれを口にできなかったのは残念だった。

（『ｄａｎｃｙｕ』二〇〇三年／五月号）

福井で新米をかみしめる

日本人であれば、黄金色に実った稲穂の広がる田園を見て気持ちが豊かにならぬ人はあるまい。また御飯が炊けてくるときのあの匂いに食欲をかきたてられ、あるいはうまいタラコでも手に入れると「これと白い御飯があれば、あとな〜んにもいらない」と叫ぶ人もいるだろう。ましてそれが秋の新米であればなおさらだ。その新米炊きたてを食べに福井へいった。

まず有機農法で独自の米づくりを行なう越前大野の松浦助一さんを訪ねた。

米作りは基本的には収穫するとJA(農業協同組合)に納め、そこで生産者の手を離れ精米されて流通へまわされる。米は混ぜ合わされるから自分の作った米がどれかはわからなくなる。松浦さんは自作の米を食べてもらい、その感想や意見も聞きたいと願い、自家精米で松浦助一の米として販売もするため「アースワーク」という会社組織を作った。

お宅の庭先の別棟二階の事務所はファックスやパソコンが置かれ、まるでデザイン事務所のようなモダンな内装で、素敵なインテリアですねと声をかけると、いやあ、と頭をかいたが、その腕は太く、たくましく日焼けしている。

松浦さんは稲をつねに健康体で育てることを信条とし、例えば稲株の間をひろくあけた粗植えにして光や風を充分にあてさせる。こうすると株元の温度が下がり、虫もつきにくくなる。有機栽培はあくまで稲の生理に合わせるためにとった方法で、それは、特別なことではないと考えるが、味に甘味、粘りが加わるそうだ。

「お陰で外食しても白い御飯は注文する気になれませんよ」と笑う。

案内された松浦さんの田は、社名・生産者を明記したプレートがたてられ、太陽、土、水をシンボライズしたマークがついている。

「有機栽培の田は収穫期になると、ぱあっと一面に明るく光り輝くんです。なんか刈るのが惜しいくらいですよ」

品種はコシヒカリ。この天気だとあと一週間ぐらいで刈り取りになるという稲穂を手にすると、ずっしりと重量感がある。同じように私の脇にしゃがみ、穂を手にした松浦さんの目は一瞬、厳しい仕事中の目になった。

福井市にもどり、御飯がおいしいと評判の大衆割烹「間海《まがい》」へいった。品書には明太子、鰯、秋刀魚、かれいの塩焼、コロッケなど御飯をおいしくさせるものが並び、三百円のコーナーの末尾にさりげなく「白飯」とあるのが、この店の自負を感じさせる。

「酒を飲む店だけど、たいていの人は最後に御飯を食べますね」

新米の時期になると、何となく店も活気づき、客が「オ、新米か」と声をかけるそうだ。今日の新米炊きたては早生の「華越前」。電気釜はだめで、ガス釜炊き。おいしく炊くには米研ぎが大切で、研ぎが足りないと糠くさく、多すぎると旨味がなくなるそうだ。塩ウニひとつまみのおかずでたちまち一杯をたいらげた。

翌日、JA勝山の生産施設課長・黒田厳さんを訪ねた。「味の勝山米」と大書されたサイロ状のカントリーエレベーター（乾燥貯蔵塔）は高さ約三十メートルの偉容。収穫された米は籾の状態で貯蔵され、出荷のたびに精米される。白米貯蔵よりもこのほうが味が勝るのだそうだ。

黒田さんの案内で生産農家の横山龍男さんのお宅を訪ねた。黒光りする堂々たる大黒柱、径五十センチはあろうという巨大な梁が重厚な、いかにも古くからの豪農のお屋敷だ。

「コシヒカリは福井県で育ったんです。コシは越前（福井）、越後（新潟）の越。福井のコシヒカリは、それは旨いですよ」

五十五歳の横山さんは、代々米作りを続けてきた風雪の刻まれた、どっしりした風貌で自信を感じさせる。米作りには一日の寒暖差が大きいことが重要で、盆地・勝山は最適の気象条件を持っている。

「それと、水。ここは水がとってもいいんですよ」

それは大野の松浦さんも言っていた。

盆地を囲む山から流れ出る豊富な水は生活排水がゼロで、しかも冷たい。これが稲作にはとてもよい。大野も勝山も農家のまわりには苔むした古い石組の水路がめぐらされ、豊かな清流が目をなごませた。この水は米作りにも大切だったのだ。水どころとして知られ、仕込水として酒造りも盛んだ。勝山米の袋には、「雪と水の里」と書かれている。

勝山はコシヒカリと酒造り用の五百万石が約半々で総生産の八十五パーセントを占め、残りが華越前、日本晴など。今年の作柄は平年並みとのことだ。

横山さんはJAに米を納めているが、自宅用はすべて自分の田で収穫したものだそうだ。「生まれてこのかた、米は全部自分で作ったものを食べてますよ」の言葉がうらやましい。昔は鋳物でできたヌカガマで籾殻だけで炊き、それはひと味もふた味もよかったという。

「それとやっぱりたくさん炊かないとおいしくないわね。新米は光沢があってピカピカしてますよ。少しかためにに炊く方がいいわね」と、奥さんが話を次ぐ。

「水も大切。水が悪くちゃおいしい御飯にならないですよ。私のところは自分ちの井戸水です」

稲が育った水と同じ水で炊いた御飯なのだ。

話はともかくと炊きたて御飯が支度されてきた。つい一週間前に収穫したコシヒカリで、今日はじめて炊いた。新米はもちろん野菜でも、収穫されるとまず必ず仏壇に上げ、手を合わせるという。

新米はとりわけ香りがいい。ふっくらと炊き上がりひと粒ひと粒がキラキラと輝いている。口に入れ、かみしめると上品な甘味がとてもおいしい。

感想を言おうと顔をむけると、正座し茶碗を手にした横山さんは私よりも、もっとゆっくりとかみしめている。それは味をみるだけでなく、この一年の仕事をふり返り、その成果をかみしめているようだった。

（『ｄａｎｃｙｕ』一九九五年／十一月号）

福岡の極めつけは、ごま鯖

ここ十年ほど日本中の居酒屋を歩いてきたなかで、福岡の「さきと」はベストワンだ。福岡にいく人にずいぶん教えたが、皆が喜び感謝の電話をよこした。

中洲や天神などの繁華街から外れた目立たない場所にある小さなビルの一階、提灯と樽に活けた花が目印だ。十二人も座ればいっぱいの平凡なカウンターに座り、目の前に何枚にも貼られた半紙の品書をじっくり読んでゆくと、しだいにここは優れた店とわかり、期待がわいてくる。刺身を中心に焼物、珍味、鯨の構成で、あれとこれ、これも、と注文を組みたててゆくとたちまち六、七品になってしまい、では減らそうとするが何をやめてよいか決められず、うーん困ったとなる。

ちなみに今日の私は、刺身は鯛か、ヒラメかを決断できず両方にする（これはオコゼ、水いかはあきらめたことを意味する）。しかも刺身か、ごま（ごまについては後述）かの選択がまだできていない。好きな酢〆ものは、夏場の今は鯖がないからあきらめがつくと思ったら、旬のサヨリの昆布〆があり、加える。

焼物に目を移し〈鯛の白子焼〉というものを見つけ、ここで質問した。

「鯛の白子はふぐよりも濃厚で、またいいものですよ。あれば必ず注文する人がいます」

こう聞いたら頼まないわけにはゆかない。〈うざく〉はあまり好きではなく安心してとばせると思ったが、念のため聞いてみた。

「うちのはぜんぜん違います。カルチャーショックがありますよ」

また増えてしまった。〈さより三本〉〈中とろスペアリブ〉はあきらめざるを得ない。

品書にはのせてないが、カウンター前にはアラ煮など煮物の鉢がある。

「この魚の子はなんですか」

「鯛の真子とオコゼの肝です。魚一尾に一つですから数はないです」

これを頼まずにいられるか。

「ナマコはもう終わりでしょ」

「あります、もう最後ですね」

厚さ一ミリ超薄切りのここのナマコは絶品だ。野菜ものが不足するから固くて甘い〈おいしいトマト〉も頼む。そして必ず酒の座右におきたいのが〈塩ウニ〉と〈マグロ塩辛〉だ。塩ウニ好きの私は名店老舗や、市場や居酒屋で全国の品を試したが間違いなくここのが一番だ。

いったい何品になったか。しかし「さきと」の神髄は最後のご飯もの、丼、茶漬けにある。刺身に最も合うのは酒ではなくご飯だ。最高の刺身を惜し気もなく使った丼、または魚茶漬けを食べずして九州から帰れない。

カウンターにたつのは主人と手伝いの若いのひとりで、手のかかる料理はないが、それでも注文にはこれだけ迷う。

「ごま」というのは、炒りごまを擂《す》り、醬油、わさびとあえたごま醬油を魚刺身にからめたものだ。どんな魚でもできるが博多名物の〈ごま鯖〉が代表だ。私はごま鯖をたいへん好み、博多のあちこちで注文し、これはどこで食べても間違いのない優れた料理と思っていたが、初めてさきとに来たとき、まったく別格のおいしさに唸った。それは主人が最高の鯖と断じる済州島の鯖に、絶妙の配合のごま醬油をからめたもので、しかもその後、鯛で作る〈鯛ごま〉を奨められてさらに華やかな味に驚き、それをご飯にのせ熱い茶をかけた〈鯛ごま茶漬〉に言葉を失ったのだった。今日はこれをヒラメでやろう。最後にとてもよいものが控えている酒ほど安心して楽しいものはない。

さて酒だ。さきとは「繁枡」「箱入娘」「大手門」「能古見《のごみ》」などの地酒に、「神亀」「渡舟」「春鹿」「手取川」「越乃寒梅」など全国の銘酒をそろえ申し分ない。うれしいのは燗酒を喜んで、むしろ奨めるようにやってくれるところだ。

その燗酒の徳利がすばらしい。白磁に山水染付の清楚な絵柄の、手に馴染む一合徳利は、持ってよく、注いでよく、手酌の喜びを最高に味わわせてくれる。燗酒は冷めないうちに飲みきれる一合徳利がよく、陶器よりも磁器が酒の気品を損なわない。受ける盃は、口径広く浅い薄手磁器の業務用で、さきとのは吹き墨の桜が入る。盃も趣味的にいろいろあるが、昔からあるこの形が最も燗酒を香り高くおいしくする究極の洗練されたフォルムだ。これを選んでいるのはさすがと言うべきで、さきとには野暮な土物のぐい飲みなんかはない。

また皿小鉢は、みな染付や印判の昔の大衆品であるのがたいへんうれしい。居酒屋の器には作家ものや高級なナントカ焼でなく、大衆が（あるいは酒飲みが）生み出した美学が一番似合う。それは粋や俠気の美学だ。

居酒屋らしく、やや野趣を残しそぎ切りされた最高級の鯛刺身は、古風な皿に大根、胡瓜、大葉の最小限のつまで盛り込まれ、それゆえに主役を最高に引きたて、高貴な姫が野《や》にくだった貴種流離譚のごときロマンをたたえている。この美学だ。つまや高級皿で飾りたてるのは居酒屋には合わない。酒飲みには合わない！

年齢にしては髪の白い主人は、店を大きくするつもりもないし、自分のできる範囲をこえて何かしようとも思わないと、どこか達観した姿勢がたいへん男らしく好ましい。料理の見事さは書くまでもない。いずれも潔癖に、そのものの質で勝負する、力強い、酒をうまくする料理だ。値段も安い。

——以上、さきとの魅力を精いっぱい書いてみた。それはつまりは、私の求める居酒屋の理想だった。長崎県崎戸《さきと》町出身の主人は長い間、魚の仲卸し、小売りの仕事を続けたのち、平成元年にこの店を始めた。玄界灘は魚種が多く一年中飽きることがなく、毎日朝一番に魚を仕入れにいくのが最大の楽しみで、一日かけて捌き、支度する。すこし昼寝して、店を開けたらあとは出すだけで、終わったようなものですよとサラリと言う。休日は有田の焼物市や骨董市で古い皿小鉢をさがすのが気分転換と笑った。

主人は記事になるのを固辞したが、最初で最後と無理にお願いし、仕事中の電話ほど困るものはないので電話番号だけは勘弁してくださいと懇願された。皆さんよろしくお願いします。


（『ｄａｎｃｙｕ』二〇〇二年／七月号）

神奈川小柴のシャコは、気が強い

蝦蛄《シャコ》。紫がかった褐色。節があり、魚でも海老でも虫でもないヘンなやつ。握り寿司では最も地味な存在。寿司で一番はシャコと答えたら、通か、かなり変わった人だろう。

んがしかし、主役ばかりが役者ではない。芝居通は花形よりも、いぶし銀の渋い脇役をひいきにする。黒澤映画の常連、藤原釜足こそその人だ。

さて、十人が十人とも「シャコは小柴に限る」と言うほど、かの地は天下に名高い。小柴にその由縁の解明にいった。

小柴は横浜市柴漁港のことで京浜急行金沢文庫が最寄りの駅だ。国道に沿った午後の小さな港は漁船がもやい、のんびりした風景だ。大屋根の下で男たちが世間話をしながらアサリの選別をしている。今日はシャコの水揚げはなかったそうだ。

シャコは江戸時代から寿司だねや天ぷらに使われていたらしいが、エビやカレイなどが目当ての底引き網の混穫品で、このときから脇役だ。かつてシャコはいくらでも捕れ、東京月島の古い居酒屋「岸田屋」で、昔シャコは食べ放題のつまみで、剥いた殻が床をいっぱいにしたという話を聞いた。しかし東京湾の環境悪化によりいっとき、収穫ほぼゼロにまで至ったが、柴漁協では一日の漁獲量制限、二操一休（二日漁をして一日休む）の体制で品質の安定に努めた。そして今またシャコはあまりとれなくなり、不漁の日も珍しくないという。

漁港にほど近い寿司割烹「かねへい」は、住宅地のなかに浅黄の暖簾、たてまわした葭簀《よしず》が、ここは店ですと伝える。外の看板「柴漁港直送　本日の地魚」のトップはシャコだ。若い主人に話を聞いた。

漁師はシャコ漁を終えるとすぐ無線や携帯電話でリヤカーを港に呼んで待たせ、シャコを待ったなしに陸揚げして素早く家に運ぶ。報を受けた家の仕事場ではボイラーで湯をグラグラに沸きたたせて待ち、間髪を入れず茹で上げる。冷たいシャコを大量に入れてもグラグラが一瞬たりとも静まらない超熱湯が最も肝要。それからホースの水を放って冷まし、鋏《はさみ》で殻を剝き、身を箱に並べる。この待ったなし、最速の網上げ↓茹で↓水冷↓殻取り↓箱並べ、を経てシャコは市場に届く。茹で加減、水冷加減が各漁師の腕の見せどころ。味や食感はここで決まり、小柴のシャコはその技術で他の追随を許さないブランドになったのだ。

いただいた茹でシャコは透明感のある清潔な香り、しなやかな腰の噛み心地から、甘くジューシーな滋味がしっとりと浮かぶ。派手たらず、渋すぎない、中年増《ちゅうどしま》の色気は小娘には出せない味だ。添えたシャコツメも小粋だ。

このシャコツメとは何か。

「見てもらったほうがわかるでしょう」

若主人のパソコンには、柴漁港で揚がった魚の形のよいものが図鑑のように取り込まれ、シャコもある。

「このZ型の、カマキリの鋏みたいなところから取るんですよ」

これは根気のいりそうな仕事だ。地魚寿司のシャコツメ山盛り軍艦巻をひと口でパクリとやってしまったのが申し訳なかった。

シャコの旬は春から初夏で、この頃にメスは卵を抱く。「おかか」とか「かつおぶし」と呼ばれる卵はそれ自体でおいしいが、身を味わうのなら卵を抱いていないほうがよい。

「刺身では食べないんですか」

「うーん、食べますが、精が強く、あまり食べると腹をこわしますよ」

シャコの殻はとてもよい肥料になるという。養分の強い生き物なのだろう。

次に金沢文庫の一日一組しか客をとらない江戸前料理「豊旬」を訪ねた。山手の、こちらも落ち着いた住宅街の中の普通の家。玄関のチャイムを押すのも個人の家を訪問した感じだ。通された座敷は趣味のよい数寄屋造りに時代物の大簞笥が映える。青い紫陽花の咲く庭を見てあぐらをかき、いささか行儀悪いが靴下を脱いで素足になり畳の感触を楽しませてもらう。

江戸前の魚を中心にした全十四品のコース。黒漆の折敷《おしき》に二体重なる茹でシャコは老練な漁師のようにうつくしく、しみじみとシャコはうまいものだなあと思う。そのうまさは志賀直哉か芥川龍之介か、いや内田百閒か。

などと文学していると、主人自ら活きシャコの刺身を運んできた。シャコの身は蟹と同じように水分が多くてゆるいため、海から上がると刻一刻、味が落ちる。それゆえ、よい活きを見つけたら瞬間的に最強の冷凍をかけ、食べる時間を見計らって自然解凍し、シャーベット状になったときに殻を剝く。そして即食べる。放置すると味が流れてしまう。

大きく形のよい生のシャコが二尾、つま野菜にしなだれるようによりかかっている。

成形のシャコを見るのは初めてだ。鎧《よろい》のような甲殻は茶褐色に半透明で、頭の中のミソが透けて見える。胴だけは殻を取られて、鎧を脱いだように裸の身がぶらさがるのを、そっと口に入れた。

思いの外ふんわりと軽く、しっとりと濡れた絹のようで磯香を帯び、かなり気も精も強く、おろしたての本わさびをたっぷりつけても、辛味を端《はな》からはね返す。

「……これは、気が強いですねえ」

「そうです。二尾が限度でしょう」

私は翻然と悟った。これだけの業《ごう》の強いものを超熱湯で瞬間的に茹で上げ、冷やすから、旨味が流れずしっかり凝縮し、あのしなやかな口当たりと深い滋味の小柴のシャコが生まれるのだと。

蝦蛄。あなたは偉い。江戸前寿司の真の実力者はあなたでした。

(『dancyu』二〇〇五年/八月号)

対談「地方のバーの愉しみ」

川上弘美×太田和彦

川上弘美（かわかみ・ひろみ）作家。一九五八年東京生まれ。お茶ノ水女子大学卒。『神様』で第一回パスカル短編文学新人賞（九四年）、『蛇を踏む』で第百十五回芥川賞（九六年）、『センセイの鞄』で谷崎潤一郎賞（二〇〇一年）をそれぞれ受賞。著書に『竜宮』、『神様』、『此処彼処』など。

一杯め

川上　どうもおひさしぶりです。あぁ、おいしい。

太田　おひさしぶりです。うん、これもうまい。

川上　カクテルの赤い色がきれい。

――ルナ・ロッサ、〈赤い月〉というオリジナルカクテルです。ジンとカンパリに、グレープフルーツとレモンジュースです。

川上　とてもおいしい。こういうカクテルが飲みたいですよね。

――太田さんは〈ベネット〉。

太田　ギムレットのような味わいですね。

――ギムレットにビターを、苦みをチョイと入れて。今日はライムもすこし入れました。

太田 ここは来年で三十周年なんですって。

川上 落ち着きますね。

太田 いいですね。

川上 私、お酒飲むときは、絶対横に並んで飲むのがいいんです。

太田 真っすぐむき合うと、対決になってしまいますよね。

川上 目は怖くて見られない。鼻とかのあたりをつい見てしまいます。

太田 ときどき目を見るのがいいっていうんだけど、それも落ち着かない。

川上 そこで目が合えばいいんですけど。だけど目と目をジッと見合うって、恋人同士しかないですよね。何か恋人だって恥ずかしいような気がする。

太田 その点、横並びのカウンターはラクですよ。

川上 そう、カウンターがいいですね。

太田 二人で同じ方向をむいているよさがありますね。気のむいたときだけ、ちょっと隣に視線を送る。

川上 そうそう、隣の気配がすごくあってね。

太田　二人で同じ映画を見ているような。

川上　恋愛だったら私は横がいいし、恋愛じゃなくても横がいいと思います（笑）。

太田　横並び主義（笑）。三日前、長野県の伊那というところにいってたんですよ。

川上　太田さんは長野のご出身でしたよね。

太田　ええ、木曽にいたことがあり、伊那は隣なんです。こんな地方の小さな街にバーはないだろうと思ったら、古いバーがちゃんと一軒あったんです。

川上　あるんですね。

太田　「モスコー」という店で、今年で四十八年と言ったかな。

川上　ああ、いいですねぇ。

太田　また発見したと思った。僕は地方都市の古いバーに入るのがとても好きなんですよ。

川上　私、太田さんの『ニッポン居酒屋放浪記』を読んで、そうか、ビジネスホテルに泊まって、その街の飲み屋さんにいって、そしてバーにいく、そういう旅があるんだって初めて知りました。

太田　一流ホテルには泊まれない（笑）。でもそれが楽しいんだな。

川上　どうも日本国内だと旅に出るというのは温泉にいくというような感じがあって、

それで温泉旅館に泊まっちゃうと、なかなか外に出なくなる。でも太田さんの本を読んで以来、ちょっと目を開かされました。

太田 それはうれしいですね。

川上 私、東京でよりも地方でのほうがバーに入るような気がします。

太田 ははぁ。最近ではどんなところで。

川上 関西が多いのですが、なんとなく歩いているとあるんですね。歩いてバーがあるというのがまたいいんです。東京はちょっとひろすぎて、どこに入っていいかわからない。旅に出ると街がひとつで、その繁華街から少し外れたようなところまでを含めて、どこかでちょっと飲んで、フラフラと歩いていくとまた何かよさそうな店がある。

太田 誰かのやっていることと同じだ（笑）。

川上 まねですよ、まね。私の先生ですもの。師匠（笑）。

太田 いえいえ、面目ない（笑）。誰かの紹介もなく、街を歩いていてふっとバーに入ったことはありますか。

川上 ええ、逆に私は紹介された所に入ったことがないです。仕事で地方にいって、みんなは日帰りで帰るところを自分で勝手に泊まって、それで勝手に街に出ていくわけなので。

太田　それはいいな。

川上　東京でも私はそういうお店情報とかに疎いもので、外見で見て入るというのが得意なんです。

太田　パッと見てエイッと入っちゃうのが男らしいというか、女らしいというか（笑）、カッコいいですね。ガイド本などを見て入ると、情報を確かめにいくみたいでスリルがない。

川上　そうそう。太田さんは地方にいくと、まずは飲み屋さんに入るとき、どうやってさがしますか。

太田　それはいろいろ奥の手がありますが（笑）。僕の場合は酒を飲みにいくこと自体が旅の目的だから、その街の繁華街を聞いて、昼間歩いておくんです。それで見当をつけて、夜そこに入る。基本は、その街で一番古い居酒屋、バーに入ることです。僕は古い店は無条件にいいですね。

川上　ずっとお店を続けていられるということが、まずいくつものハードルを越えているということなんですよね。

太田　そうそう。古い居酒屋やバーは、その街の歴史がしみ込んでいるという大きな

川上 魅力がある。地方に飲みに来て、本日開店の店に入る人はわかってない（笑）。私も非常に初歩的ですが奥の手がちょっとあるんです……。駅前の観光課にいって聞く（笑）。

太田 それはまことに正しい。

川上 すごいでしょう。観光課のお姉さんに、このへんでおいしいものが食べられるところはどこですかって聞くと何軒か教えてくれるので、電話してみるんです。それでいやな感じだったりするといかない。普通に対応してくれるところにはいってみる。

太田 電話の感触でわかりますね。

川上 たいていはずれないんです。地方の街は、みんなが顔を知らないまでも、全体をなんとなくつかんでいるでしょう。そうすると、土地の方がいいと言うところはやっぱりいいんです。「ここ」と「ここ」が有名ですけど、「ここ」はちょっと私はねと、本音がポロリと出たりする。タクシーの運転手さんという手もあるんですけれど、なぜか私は女の人の意見を聞きたくなります。だから観光課のお姉さんがミソです。

太田 なるほどな。タクシー運転手さんは酒を飲めないから居酒屋、バー情報はあまり持っていない。しかしラーメンに関しては絶対です（笑）。

二杯め

川上　最初のお店はそうやってどこかで聞くけれども、バーというのはまたちょっと違いますね。

太田　そうですね、冒険気分もある。ふらっと入ってみようと思う決め手はなんですか？

川上　私もやっぱり古いこと。あとは居心地がよさそうなこと。でも何が居心地がいいかというと、やっぱり年月かな。

太田　時代を経た重みというか。

川上　別にそんなに古くなくてもいいんですけれど、清潔とか何だか感じのいいお店ってありますよね。でもきれいすぎない。入口の前の地面は清められていてきれいだけれど壁はちょっとすすけているとか、そういうポイントがある。実際はそんなことは細かく考えず、パッと見て入りますけど。

太田　僕は煉瓦ものに弱くて、煉瓦積みの店は、ああ、いいかもしれないと思う習性がある。

川上 それ、面白い。

太田 貼りつけの煉瓦タイルはだめ。茶色の本煉瓦。扉もやっぱり重厚に木であってほしいですね。黒デコラはいただけない（笑）。

川上 黒デコラなんて何か専門っぽいですね（笑）。私はちょっとだけなかの雰囲気が感じ取れるところじゃないと、怖くて入れないかな。

太田 それはどうやって感じ取るんだろう。

川上 なんなんでしょう。まず看板ですね。名前も何も書いていないようなところはやっぱり怖いな。

太田 クラシックな名前はなんとなく安心感がありますね。人名もいいな。「吉田バー」とか「バー露口」とか。

川上 日本語系のね。それで、ちょっと窓が開いているとか、または人が出入りするときにちょっとなかが見えるとか、気配が感じられると安心できます。

太田 かつて「神戸ハイボール」という素敵なバーがありましたが、ここの扉は西部劇風のスイングドアで、外からカウンターがチラチラ見える。

川上 なんだかなかのざわめきが……それはいいな。

太田　結局そうやって何を探り当てたいかと言うと、その街のバーで三十年とか四十年、ずっとそこに立ち続けている人なんですね。その話が面白くないわけがない。

川上　そうですね。私は自分が話をするのは不得意なので、お客さんと店主が話をしているのを聞くのが大好きなんです。

太田　それは一番いいですよ。

川上　むこうも旅の人間だと思うと適当に放っておいてくれます。

太田　いいバーはあまり簡単に話しかけないですから。

川上　かといって常連の人だけ優遇しているわけではぜんぜんなくて、なんとなくひと言ふた言しゃべるような、そんななんでもない会話がいいんですよね。

太田　そうそう。店に入ってなんとなく耳を澄ましていると、会話からその街の様子が感じ取れてくる。何かバカ言って笑ってるのにつられて笑ったりすると、その人がこっちを見てなんとなく和んでくる。その程度の距離感がいい。旅に出ると自分がゼロになれるのがいいですね。

川上　そうですね。私は家の近所をフラフラ歩いているときも、いつもゼロですけれど（笑）。

太田　知り合いに会わないし、誰も自分を知らない。それが旅の酒場の最大の醍醐味ですね。今夜ひと晩ひとりだけで遊べると思うと、うれしくて、うれしくて。

川上　そんなにしがらみがあるんですね（笑）。

太田　いや、そうでもないんだけど（笑）。携帯電話も切ってね。

川上　私は携帯電話ってほとんどかかってこないから（笑）。ちょっと現代人じゃないですね。だめだな。

太田　いえいえ僕も。見栄で言っただけ（笑）。

川上　私はだいたい家のなかにいて、とにかく行動範囲が狭い。そうするともうどこにいっても旅、東京のなかでも私は旅なんです。家のそばにいつもいますから、たまにちょっと違う街にいくと、ああ、旅行に来たなって、そういう感じ。

太田　旅行ですか。

川上　ほんとうに。今日もそうですよ。湯島に来るまでが旅という感じです。東京生まれ東京育ちなのに、東京をぜんぜん知らなくて、決まった場所にしかいかない。保守的なんです。

太田　僕は田舎から上京してきたせいか、いまだに東京中あちこちいってみたい。初めての街に来て、酒場を把握せずに帰るなど考えられないですね（笑）。それ

川上　も一軒だけではとても満足できない。まったく困ったものですよ（笑）。はしごをする、というのはそういうことなんだと思います。それは気力と体力ですよ。どうせ生きるならそういうふうに生きたいけれども……私はだめですね（笑）。

三杯め

川上　食前酒のためのバーというものに憧れているんです。ヨーロッパの人が飲むようなアニスの入ったちょっと甘い、強いお酒。ああいうのは本当においしいですよね。食欲も増進すると思うし。だから一軒目にバーというのをやりたいんですが、それよりも食欲が勝って、まずはガーッと食べにいってしまう（笑）。

太田　まったく同じ（笑）。バーでは最初に何を飲みますか。

川上　前の店でどのくらい食べたとか、酔い具合にもよるんですが、見識が浅いので、揺れますね。太田さんは？

太田　僕はだいたいジントニックだな。それで、できあがるまでひと言も口を利かない。作る過程をじっと見ています。

川上 怖い。

太田 仕事中に余計なことを言わない、というのもありますが、作るのをじっと見ているのがうまいカクテルを飲むコツなんです。

川上 緊張ですね。でも、見てわかるというのがいいな。

太田 わかるというか、気合いを込めてここに飲みに来たんだと知らせたいんです。でき上がってひと口飲んだら「ああ、うまい」と言う。そう言われて喜ばない人はいない。初めての店ではそこで、互いに気持ちがうちとけますね。

川上 一杯目がまずかったらどうするんですか。

太田 「ああ」と言う（笑）。「ああ、まずい」とは言えない（笑）。でも古いバーだったら、その人がその街で、何十年作り続けてきたことを楽しむわけだから、いいんですよ。しかしその後の二杯目は、必ず気合い入れて作ってくれますね。

川上 いいな。いい話を聞いた。私、いつも思うんですが、おいしさってなんなんでしょうね。自分が味オンチなのかもしれないけれど、気持ちのいいお店だと、どんなものでもすごくおいしい。逆に、おいしくても店の人がツンツンしていると、すぐに立って帰ってきてしまう。だからじっと見ていて一生懸命作ってくれたあとは、どんなでもきっと「うん、うまい」だと思うんですよ。

太田　技術の優劣は明らかにありますが、半分以上はなかにいる人も味のうちでね。

川上　そうですよね。それから誰と一緒に飲むかというのもあるのかな。やっぱり気のおけない友達がいいな。

四杯め

太田　地方の古いバーは、その街の文化の一つの拠点だったことが多いとわかってきたんです。昭和三十年頃からの。

川上　その土地に流れ込んだ文化とか、いろいろなものの拠点となる。

太田　去年五十周年で惜しくも閉店してしまったんですが、松江に「バッカス」という素敵なバーがありまして、そこは松江の先進的な人々のたまり場だったんです。そういうバーにいき着くと、その街の文化の古層にたどり着いたような気がして、さあ、居座るぞとなる。そういうのが地方のバーの楽しみかな。

川上　ああ、素敵です。そういう場所もいいし、一方でなんでもないところもいいかな。なんでもないって難しいんですが、すごく古くなくてもいい、ちょっと歳のいったご主人で、それで近所の人がなんだか来ている。そういうところもいいんですよね。

太田　川上さんの作品には、居酒屋やバーが登場しますが、こうやって飲んでいるときに、作家的な勘みたいなものを働かせているんですか。

川上　作家的な勘、て何かなあ(笑)。

太田　もちろん私にもわかりませんが(笑)、耳を澄ます、というのかな。

川上　耳を澄ます、か。なるほどなあ。そうかもしれないです。たとえば私が一番好きなのは、歩いて十分ぐらいのところに帰れば家がある、そういうところでなんでもなく飲んで、帰る、というのなんです。

太田　日常の観察者。

川上　うーん、それで市井の人の日常がわかるかというと、たぶんそんなにわかりはしないんですけれども。でも、いま太田さんがおっしゃったように、気の利いた人が三々五々来て、なんとなく話をして、それが楽しくて、共通の話をするためには知識も必要だし、ちょっと背伸びをして、何かちょっとよかったなと思って帰るというなかにも日常はあるし、私のように何も考えずぼーっと飲んでいる者の周囲にももちろん日常はあったりするんですよね。いろんな日常があるのが、面白い。

太田　川上さんは、名店とか名バーテンダーとか、そういうことにはまったく関心のないところが、僕はすごくいいなと思うんですよ。

川上　反対に、そういう人がいると緊張しちゃうんですよ。何か最初から、「すみません」と謝りながら入っていくような感じで。自分勝手に緊張してしまう。お店の方も迷惑ですよね（笑）。だから何か欠点がすこしあるほうがいいな。ちょっとしゃべりすぎるご主人とか。

太田　なにもかも完璧だと、逆につまらない。

川上　太田さんのすすめてくださるお店は、私はちょっとよそいきのときにいきます。

太田　今日は期待をするぞ、ということですか？

川上　そうです。さあいくぞ、と気合を入れていそいそいく。でも、あまりいいお店すぎるので、毎日はいけない。一年に二回か三回いくのがいい。

太田　なるほどなあ。それはとてもいい言葉ですね。別の本質を見ているから、考えた店とか計算された店だと、何かが消え去っていると感じるのかもしれないですね。

川上　いや、単に私がだらしないだけ（笑）。きれいに片づきすぎた友達の家にいくと居心地が悪いとか、そういうものです。

太田　そもそもバーはくつろぐところですからね。

川上　バーって、最初にいくにしても、何軒目かにいくにしても、こちらもむこうも余裕の遊びの気持ちがある場所ですよね。それがすごく好きです。もうすっかり酔って溶けているときにいくか、最初にいくとしたらこれから飲むぞというときにいくから。

太田　それに旅先のバーという小さな空間は、旅の中のもう一つの旅とも言える。

川上　あっちの露天風呂に入りにいくような、そういう感じがあります。

太田　居酒屋はオープンですから誰でもどんどん入りますが、バーはちょっと密室になっていて、そこに人が入っていく面白さがある。

川上　そして居酒屋さんとか普通のレストランよりも、バーはいる人のことをもうちょっと意識しますよね。そこがまたいい。だからやっぱりお客さんのくつろいでいる感じのバーがすごくいい。

太田　僕の経験では、大阪のバーが一番日常生活に密着している感じがしますね。

川上　私も大阪のバーがすごく好きなんです。法善寺横丁に好きなバーがあります。

太田　「路」かな？　開店すると、まず近所の人がサンダル履きで来る。

川上　名前はすぐ忘れちゃうんですが……。仕事の帰りに寄って、「おおっ」て言って帰っていくような。気取っていないんです。

太田　ミナミの「吉田バー」は夕方四時になるとジャンパー着た客が新聞を持ってきて、カウンターで読んでいる。「まったく阪神もなあ」とか言いながら、黒ビールをチェーサーにシェリー酒か何かをグーッと飲んで、ピッと帰ってしまう。

川上　お酒の飲み方が本当にカッコいいですね。

太田　それを見ながら飲んでいると、自分もその街の仲間に入れてもらえたような気がします。

川上　そうですね、錯覚なんだけれど。

太田　バーでの男女の出逢いとかはあります？

川上　それはぜんぜんない。きっぱり（笑）。

太田　僕もさっぱりないですね（笑）。

川上　それはしたくない。

太田　そもそもバーの鉄則は、隣の客に話しかけないことです。

川上　それですよ。

太田　他の客がこちらに興味を持ちだしたら、居にくくなる。

川上　そうそう。その距離感はものすごく難しいですね。

太田　バーテンダーと話すのはいいんですよ。カウンターという明らかな仕切りがあるから。

川上　でもいっそのこと、何か関係を作ってしまうのもいいのかもしれないと思うこともある。そのへんはあまり決めずに人生いきたいなという気もありますね。

太田　まったくそうですね。所詮酒場ですからね。

川上　どんなことにも例外はあるんだという感じで。あぁ、このお店には、また来たいな。

太田　ではもう一杯。

湯島「EST!」にて（『サントリークォータリー』二〇〇二年／第七十号）

解説

岡崎武志（書評家）

私が太田和彦さんにお目にかかったのはもう六年前。『日本の居酒屋――その県民性』（朝日新書）を上梓された時で、著者インタビューのために事務所へうかがった。静寂に都心にありながら各種寺院が集まる寺町の一画で江戸の風情を残す坂の途中。静寂に包まれた瀟洒なビルの一室を仕事場として使われていた。

すでに日本全国の居酒屋巡りを始めて三十年、うまい酒やいい店との付き合い方など、あれこれうかがった。

「その町に何十年と続く居酒屋はコミュニティであり、文化なんです。先代から二代目が食文化とともに受け継ぎ、その町の精神的支えになっている店は、なくなると困る」という言葉が印象に残った。飲んで食べて、くつろぐだけの時間を「文化」にまで高めたのは太田さんの功績にほかならない。昔から落語などでは「飲む・打つ・買う」を男の三道楽としてきたが、そのうち「飲む」だけを特化し、「生きがい」としたのは太田和彦が初めてではないか。

また、事務所には本や雑誌のぎっしり詰まった本棚を始め、大量のLPレコード、収集されている酒器や紙ものが整然と置かれて、趣味と仕事が一体化した空間が作られていた。私にも古本やレコードその他がらくたの収集癖があり、その点で大いに盛り上がったのだった。辞する間際に「いつか文庫の解説をお願いしたい」と言われて、それは光栄なことと考えたが、多くは社交辞令でそのまま水に流れてしまうことと知っていた。

ところが今回『飲むぞ今夜も、旅の空』に解説執筆を仰せつかり驚いた。ちゃんと覚えていてくださったのである。浮世の義理が紙より薄い昨今、ありがたいことだと喜んでお引き受けした次第である。

これほど居酒屋や酒のことを書いて飽きることを知らず、せっせと応援団長を務めておられる太田さんの姿勢と心意気にはつくづく感心させられる。本書ではそこに「旅」の要素も加わった。「知らない町へ出かけ、そこの飲屋街をぶらぶらするのが私の無上の楽しみだ」と書かれている通り、旅先でのよい店との出会いをことのほか楽しんでおられる。盛岡、仙台、高田、金沢、福井、松本、大阪、京都、広島、福岡等々、私も訪れたことのある町なのに、太田さんの手にかかるとまるで違う町に見えてきてしまう。

たとえば「上越高田から、日本海を新潟へ」で描かれる「信越本線・高田駅」のことは懐かしい。私も雪除けの雁木屋根の通りを歩き、「通りにもれる灯は〈古本誠実買入〉」とある「耕文堂書店」を覗き、「大正五年から常設映画館『世界館』となり現役を続けている日本最古の映画館」では、たった一人の客として映画を見て支配人の若き上野くんと話もしたが、あとは城下町を一巡りして帰ってきてしまった。ちなみに上越上田にある高田高校は、旧制高田中学時代、作家の小林信彦が東京空襲のため疎開して一時期通ったことがある。その高田高校も見に行ったが、ついぞ「雁木亭」で「する天」をおつまみに「スキー正宗」（もちろんお燗）を飲むことはなかった。太田さんから「君はなんてもったいないことを」とお叱りを受けるかもしれない。ただ頭を低く垂れるばかりである。

しかし、そんな無粋な私でも本書は楽しかった。人はなぜ酒を飲むのか。しかも安くつく「家飲み」ではなく、わざわざ出かけて行って今夜もまた暖簾をくぐるのか。きれいな答えが思いつかないこの永遠のテーマに果敢に挑み、答えを出し続けているのが太田和彦と言っていいだろう。

居酒屋の起源には諸説あるが、我々が現在抱くイメージの原型は江戸中期に生まれたもののようだ。藤沢周平の代表作『三屋清左衛門残日録』にも、「涌井」という酒と料理を供する小料理屋がいい感じで描かれる。元用人で今は家督を息子に譲り隠居の身にある三屋清左衛門が主人公。老いゆく身を意識しながら、ときに「涌井」を訪れる。この店をきりもりするおかみは、「ひかえめでしかもこまかく気のつく女」で、清左衛門にほのかな恋情を抱いているようだ。「黙って坐っていればうまい肴でほどよく酔わせて帰す」店は、友人と静かに酒を酌み交わすのに最適で何ともうらやましい。読んでいていい気持ちになるのだ。私は「涌井」の片隅に太田和彦さんがいてもおかしくないと思っている。居酒屋の席を温める太田さんの時間と風情は、古武士のような雰囲気を醸し出しているからだ。

「いい酒・いい人・いい肴」は太田流居酒屋三原則であるのは、愛読者なら知る通り。そのすべてのエッセンスが『飲むぞ今夜も、旅の空』に網羅され玩味することができるのだ。同じ銘柄の酒でも「旅の空」ではまた違ってくるだろう。

著者が見知らぬ町でいい酒場を見つけるコツとして挙げるのが「どこの都市にも、たいてい一軒は、その町の名物になっている古い大衆酒場」を探すこと。これは「横浜の三杯屋」で書かれている。横浜・野毛の「民家の路地角の小さな木造一軒家」が通称「三杯屋」。正しくは「武蔵屋」だが、「酒は三杯までと決められている」のでそう呼ばれる。八坪ばかりのベニヤ天井の小さな店で「肴は三百六十五日、おから、玉葱酢漬け、納豆、鱈豆腐」のみ。それだけ読むと、どこが名店なのかと不審に思うだろうが、太田さんの筆にかかると不思議なことに、この世ながらの別天地に思えてくるのだ。

「客は中年以上の男ばかりでひとり客も多く、いつもの席に座りゆっくりと自分の時間を楽しんでいる」。クーラーはあるのに客が使わせない。扇風機がすだれ越しに運ぶ涼風を「ここぞとばかりに扇子をうれしげに使っている」という。このあたりの描写はまったく見事で、名優（たとえば久米明のような人）が朗読すれば詩のように聞こえるだろう。

太田さんがこれだけ数限りなく酒場のことを書き、同工異曲にならずバリエーションを豊富に生み続けられるのは、観察力に裏打ちされた簡潔で的確な文章力、それに詩心にある。「三杯屋」についての賛歌はなおも続く。「父の跡を継ぐお婆さん姉妹はたいへん遠慮深く静かだ。古い土瓶から注がれる酒は、コップに見事にすりきり一杯になる」という件では、読者も息をつめて酒が注がれるコップの縁を凝視する。ほかの店の紹介では、たいてい日本酒の銘柄が提示されるがここでは単に「酒」と呼ばれるだけ。それで十分だ。ここに寸止めの美学がある。

本書では、地方の旬の魚、珍味、高級食材についても舌鼓を打ち、味の豊潤と奥深さについてもたっぷり語られる。

「朱鉢の小さな金網敷きに盛りつけられた刺身のうつくしいことよ。大玉一個を今剝いた赤貝は、格子に飾り包丁された身も、ヒモもワタも、ぴかぴかに濡れて光り、五月に合わせ矢羽根に切った添小笹が爽やかだ。そっとひと口。ヌル味をまとった香り、甘味が鮮烈に口中を満たす」は「金沢でトビウオを食べそこなう」の片町「浜長」の一節。何一つ見逃さない描写で、そこはかともなくエロチックでもあるのは間違いなく文章の力だ。つまり、いい日本酒と同じくのど越しがよく、余韻を残しつつ胃に負担をかけない。

「いい人」に力点が置かれているのも太田居酒屋学の特徴か。第Ⅳ章「人との出会いが待っていた」では、全国を取材する中で開拓したなじみの店、なじみの店主がスケッチされている。それは他の章でも同じこと。盛岡のバー「バロン」で、いつも〈あざみ〉というカクテルを注文する女性のエピソードは、ちょっとした短編小説のようだ。太田さんは「酒」や「店」も好きだが、そこにいる「人」も好きなのだ。そこに共有する時間があり、生きている実感もまたそこに生じる。

ところでここに不思議なのは、これだけ店構えや献立、名酒の銘柄や料理の詳細を再現するにあたって、太田さんがどうやら取材のためのメモを取っていないようなのだ。人は酔うとたいてい記憶を失うものだが、どんな秘術を用いているのか。『東京居酒屋十二景』（集英社文庫）の解説が沢野ひとしさんで、そのからくりを明かしている。太田さんのポケットから出された箸の紙袋に小さな文字が書かれているのを沢野さんが目撃した。店主の目の前で書いたりはしない。「トイレに立ったときに個室に入るなり瞬時に店の印象、ポイント、値段を書く。このスピードが取材の極意だそうだ」と知り、なるほど。

六十歳を超えてみればわかるが、残りの人生がはっきり見えてくる。後悔や屈託が雪のように降り積もる年代に差しかかる。大切な「人」と「至福の時間」を持つことが最大のテーマとなり、太田さんの場合はそれがゴルフや釣り、賭け事ではなく「居酒屋」になるのだろう。本書の勢いのあるタイトルはその覚悟を示す。七五音になっているから、上の五音を付けてみた。すなわち……。

「男ありき飲むぞ今夜も旅の空」

あとがき

ひとりで日本各地を旅しているうち、日本のどこの町にも、長く続いている名物居酒屋があると知ってきた。そこには必ず、うまくて、安くて、飽きない名物があることも。大勢の客が注文しているからわかり、まずはそれを注文する。

一杯やって一息つくと、店の造作の観察だ。古い居酒屋は昔の大工仕事が残り、客商売ゆえどこか粋なしつらえがあって楽しい。よく酒のしみたカウンターの手前は客のひじで白くなり、掌によくなじむ。居酒屋は高級料理屋とは違う庶民の場、気取らない居心地がいい。店内を眺め終えたら客の会話に耳を傾ける。話し相手がいないひとりは、よく耳を澄ますようになる。鮎解禁、今年のキノコの出具合、このあいだ熊を見た、市長選の状況、どこそこの娘は嫁に行った……。その町を知るには、地元の人がわが家のように通う居酒屋が一番だ。やがて、初めての客に興味をもったらしい主人に話しかける。きっかけは「これおいしいですね」が一番だ。

昼のあいだは町を歩く。好きなのは、神社仏閣の由来や郷土の偉人の説明碑を読むこと。こういうことは住んでいる所ではあまりしない。歴史や出身者を知ると、その地に親しみがわいてくる。市場があれば必ず入り、並ぶ生鮮品が居酒屋にあるかを探る。ついでにオミヤゲも買って宅急便で送っておく。

再び夜を迎え、昨日の居酒屋にまた入れば、「お、まだいたんですか」ともう常連顔で、珍しい料理も奨めてくれる。ほかのよい店も教えてくれる。続けた旅は、広い日本はまことに豊かな地方文化を持っているとわからせた。

さらに、好きになった町は何度も訪ねる面白さも知った。秋田、盛岡、新潟、金沢、松山、松江……。そこには「お、太田さん、いらっしゃい」で迎えてくれる大将や女将がいる。季節が変われば料理も変わっている。

顔なじみの気楽さと、今日は家に帰らなくていいという安心感が長尻にさせ、さらにもう一軒顔を出す。そうしてこれが人生最高の楽しみになった。

あちこちに書いたその体験に、単行本『ひとりで、居酒屋の旅へ』（二〇〇六年／晶文社）の一部を加えた、私の自称「居酒屋民俗学」をお楽しみいただけたら幸いです。

令和四年三月　　太田和彦

本書のプロフィール

本書は、単行本「ひとりで、居酒屋の旅へ」（晶文社刊）の一部を加筆修正したものに、さまざまな雑誌に執筆してきた未収録のコラムをまとめたものです。

小学館文庫

飲《の》むぞ今夜《こんや》も、旅《たび》の空《そら》

著者 太田和彦《おおたかずひこ》

二〇二二年五月十一日　初版第一刷発行
二〇二三年三月六日　第二刷発行

発行人　鳥光　裕
発行所　株式会社　小学館
〒一〇一-八〇〇一
東京都千代田区一ツ橋二-三-一
電話　編集〇三-三二三〇-五四二八
販売〇三-五二八一-三五五五
印刷所 ―― 大日本印刷株式会社

ISBN978-4-09-407146-7
JASRAC 出 2202408-201